霸凌真相，
可能跟你想的
不一樣

羅丰苓——著

Contents

目次

Contents

目次

第五章　沒有完全無關的旁觀者

第六章　父母可以這樣做

都是那個人欺負我小孩！其實，可能是父母養出了受凌者

Contents
目次

Contents

目次

推薦序1

王瀚陽／國教行動聯盟理事長、家長部長

透過友人的介紹，我有幸認識了丰苓老師。這位友人告訴我，她是一位非常厲害且經驗豐富的輔導老師，特別擅長處理霸凌議題，建議我一定要與她交流。於是，我們展開了幾次深刻的對話。幾次交談讓我深深感受到丰苓老師的專業和熱忱，尤其是她提到的一些關於自殺與自殘的真實故事，讓我不禁潸然淚下。這些故事彷彿就在眼前發生，真實而觸動人心。我由衷感謝丰苓老師，她像傳道者一樣，在教育的路上默默耕耘，無怨無悔地付出。

在決定為這本書寫序之前，我完整地讀完了它。我發現，這不僅僅是一本討論霸凌的指南，更是一部涵蓋教學生命經驗與觀點的珍貴著作。丰苓老師以多元且細膩的角度，為我們提供了深刻的洞見，這些洞見讓人不得不極力推薦這本書給所有的家長和老師們。

上班時，突然接到學校老師的電話，當聽到「霸凌」這個關鍵字時，心情難免跌到谷底。那種複雜的情緒，既有憤怒也有擔憂。接到這樣的電話後，家長往往感到迷茫和自我懷疑：我適合當父母嗎？孩子能改變嗎？我有能力教養他們嗎？這本書正是為這些問題提供了清晰而有力的解答。教養的路看似模糊不清，但透過手苓老師書中的經驗，我們發現一切都能變得清晰明瞭。

當老師並不容易，我在教育倡議的過程中，見過許多年輕老師因為面對投訴或壓力而心灰意冷，有些甚至轉行離開教育界。每位老師都有教學的熱忱，卻常常感到無力應對種種挑戰。讀完這本書後，我想對老師們說：「謝謝你們的付出，辛苦了。」並且誠摯地邀請老師們一同閱讀這本指南，從中汲取力量與智慧。

書中有一句話讓我印象深刻：「到底霸凌是西瓜般的大事，還是芝麻般的小事？」這句話深刻揭示了霸凌問題的嚴重性與普遍性，不僅在校園，甚至在職場和生活中都可能存在。這本書就像一面鏡子，幫助我們反思是否可能成為霸凌者、受凌者或旁觀者的一員，並且提供了實用的策略，幫助孩子提升至少幾個層級的心理韌性，使他們在面對挑戰時更加堅強。

丰苓老師以具體的案例揭示了霸凌者和受凌者之間複雜的心理關係，這些例子不僅顯示出事件的嚴重性，更提醒我們，這些行為背後往往潛藏著更深層次的情感和動機。書中對於家庭環境對孩子行為的影響也進行了深入探討，讓我更加認識到，解決霸凌問題不僅是校園內的責任，更需要整個社會的共同努力。

透過這本書，丰苓老師用她的專業知識和豐富經驗，為我們打開了理解和解決霸凌問題的大門。我真誠地推薦這本書，它將成為家長、教育工作者和政策制定者的重要參考指南，幫助我們共同為孩子創造一個更安全、更充滿愛的成長環境。

推薦序2

李蓉蓉／臨床心理師

這本書是繼丰苓老師所著《SAFE班級輔導模式》之後，另一本清楚解構霸凌事件之輔導專書！在這本書中更清楚分析受凌者、霸凌者及旁觀者，三者以及彼此之間所形成之霸凌結構，更細緻說明三者之間交互作用下產出的各種型態，各類型的樣態又再以案例說明。

這樣的寫作內容，更深入且精闢地將霸凌拆解及說明，讓讀者可以一目了然，霸凌已經不是一個名詞或形容詞，而是具體存在的事實或動詞，也更讓身處於共同生活圈的我們，無法再置身事外。無論我們主動或被動知道與不知道何謂霸凌，都可能已經參與在其中。透過這本書，我們每一個人可以清楚閱讀並且認識霸凌是如何形成、形成之後的樣態，以及在心理社會層面又可以如何因應。

這本書讓我印象最深刻的部分，莫過於貫串全書——魔鬼與天使的概念。如果輔以榮格取向分析心理學的觀點來看，將霸凌者與受凌者解析為魔鬼與天使相互影響，也互為陰影，可以說是一體兩面的事實，因為這樣的魔鬼與天使的存在其實都是相對的，而曾幾何時誰成為了魔鬼？誰又成為了天使？似乎說明了，在霸凌者與受凌者之間更需要存在的是一個理解或和解，這樣的理解或和解存在霸凌者與受凌者自己心中，同時也存在彼此之間。所以透過這本書的了解，似乎也打開了霸凌者與受凌者雙方一個看見彼此的機會，不再將問題只是投射到對方身上，而是回到自己本身去面對及處理，也更讓霸凌者、受凌者，甚至是旁觀者，可以有機會冷靜下來，如同按下停止鍵。此外，透過輔導機制或心理治療進行省思，以及探究其內心世界，如此一來，霸凌不再只是單一霸凌事件，同時也幫助生活中其他的關係，包括親師、親子以及人際關係都得以調整。

本書雖然是以校園環境為主軸，但是其實霸凌也可能普遍存在於職場或各個場域，其造成的影響不只是肢體的傷害，更多是關係上或精神上的損害。本書可說是以小窺大（從兒少時期到成人），從校園進入到社會各種領域。我由衷敬佩手苓老師的用心，更感謝手苓老師願意將畢生的經驗化作文字，整理成書，讓讀者不必親身經歷即可了解。因此，我大力推薦此書的確是每一個人都需要閱讀的好書！

推薦序3

張永青／台中市教師職業工會理事長

與丰苓老師認識是因幾年前一起處理學校的霸凌申復案，丰苓老師以其專業，讓雙方家長服氣、孩子和好，其輔導專業讓人信服。她以輔導專業寫出這本省思霸凌真相的書，值得教育者與父母閱讀、參考。

書中分析霸凌者與受凌者的各種類型，並剖析其行為、人格特質、心理因素等，讓我們反思霸凌絕不是表面那麼單純，其背後因素是我們更要重視的。書中還寫出了容易被忽略的旁觀者，他們也是需要幫助的。

丰苓老師給予老師們在班級經營的建議，有助於降低形成霸凌的機會：針對受凌者，討論令人難過的行為、哪些因素導致霸凌的發生、受凌者不須自責等。針對旁觀者，提及要先好好照顧自己，並安全地幫助同學。針對霸凌者，教導其遇到不喜歡的同學時可以怎麼做？

而父母的教養方式可能無意中養成了孩子受凌者特質，也可能無意中教出霸凌者！「父母是孩子生命中的第一位老師，無論是待人的態度、做事的方法或講話的語氣等，都一點一滴影響著孩子」，書中對父母教養的建議更是實用，畢竟學校教育裡沒有一堂課是「如何當父母」或「如何教養孩子」，本書的教養策略非常實用而有效。

在教育現場的丰苓老師，以其本身輔導專業和經驗，分析霸凌的真相，並提出確實可行的教學策略與父母教養建議。本書值得教師與父母人手一本，讓我們共同教育出溫柔待人的孩子，讓社會更和諧。

各界推薦

衷心期待手苓老師說的：「希望讓還沒有發生的霸凌，永遠不要發生。」這是一本值得家長、老師、關心教育現場者讀的書，讓大人成為成長中孩子真正的領航者與後盾。

——王清清（得勝者教育協會台中辦公室主任）

「霸凌的真相」真的和你我想的不一樣！透過作者手苓老師多年專注研究和探討校園霸凌問題，且身為資深國中輔導教師對校園文化、青少年議題的直接且深刻的了解，而能將霸凌的真實面向做有系統的整理，並給予具體的反思，提供老師、家長如何有效因應的策略，以期實質減少校園霸凌問題的發生。

讓校園霸凌議題回歸基本面，霸凌者、受凌者、旁觀者，應有的人際能力的學習和建立，協助孩子在校園中有正向的互動和學習，讓老師及家長可以提供更有效的資源和協助的因應方式。作為一個專業工作者，感佩丰苓老師長期在校園霸凌議題上的用心，並將寶貴經驗整理成書。期待讓更多人了解霸凌的真相，並且可更有效地預防和從根本問題來改善。期待和樂見這本書為帶來正向人際能力的了解和建構，回歸零霸凌與尊重和樂的校園／社會氛圍。

——何禮恩（諮商心理師、性教育暨性諮商師）

羅丰苓老師對孩子的愛，超越他們的外顯行為，引導大人重新以愛包容指正，實踐教育的真諦。

——李明純（台中市家庭教育中心社工師）

這本書引領我們認識青少年發展、人際與權力關係的應對磨練及學習競爭，仿如縮小版社會歷險。望經營善的種子，帶來和諧的校園。

——李姿儀（心理師督導）

如果能提早十年有手苓的這本書，或許我跟孩子可少走許多教養的冤枉路！值得家長及老師們人手一本！

——李寶怡（國北教育大學生命教育碩士生、布克文化資深特約編輯）

讀畢此書，對霸凌者、受凌者、旁觀者的想法有了極大的顛覆。感謝手苓老師讓我們看見許多的不一樣，唯有認清這些真相，才更有機會走在零霸凌的路上。

——林德威（作文／國文老師）

看過羅丰苓老師分享她曾輔導過的孩子寫給她的卡片，我都哭了，原來霸凌輔導可以做到這麼深入孩子的內心。

——雨林（廣播「愛的記事本」主持人）

丰苓老師從各個角度探討校園霸凌事件的發生原因，更重要的是提供老師正向管教的策略，共同努力創造一個更加友善和包容的學校環境。

——柯杏燕（台中市立公明國民中學校長）

作者用生動的筆觸描繪校園霸凌的現場，讓我們看清霸凌的真相！相信這本書能為身處霸凌風暴的無助靈魂提供解方！

——徐婉婷（前中山醫學大學附設醫院兒童部小兒科醫師／臨床病理科主任、台灣醫起育兒愛閱協會理事）

書中文字淺顯易懂，並提供家長及老師具體的方法。尤其第九章的內容，更是發人深省。在此向您推薦這本好書！

——張之千（國中專任輔導教師）

處理校園霸凌首重了解其背後的情境脈絡，丰苓老師以其教育專業及豐富的輔導經驗，細膩地描述霸凌與受凌學生的種種樣貌，深入分析並提供輔導策略，值得所有教育者仔細閱讀深入研討！

——張文昌（台灣共善促進協會祕書長、前台北市教師會理事長）

作者以三十年教學生涯的校園點滴鋪陳本書場景，更以輔導老師的敏銳解析串起前後篇章，精準剖析了霸凌者、受凌者與旁觀者的糾結關係，衷心推薦閱讀。

——張鴻恩（小學輔導室主任）

看完書滿滿感動，提醒自己：不要自以為是地簡化每件霸凌的解析，體貼每個當事人，以愛熨貼每個受傷的心靈。

——梁玉燕（國小教師兼任總務主任）

校園霸凌防治，親師生皆有責。作者建議的預防性作為，如錦囊妙計，營造友善班級環境，防患霸凌之未然。

——郭詠銘（福科國中輔導教師兼任導師）

全書剖析霸凌真相，跳脫對錯框架，提出深刻洞察與啟發人心的具體策略。高度推薦給想突破霸凌困境，走出新道路的親師生！

——陳柔蓁（台灣沐風關懷協會教育專員）

丰苓老師的新書適合「育有兒少的父母」及「教育下一代的我們」閱讀。你可以找到自己的「好」與「盲點」，肯定與修正自己成為祝福。

——陳雅各（行動社工師、心理輔導工作者）

在現今教育環境中，霸凌已成為社會大眾越來越重視的問題。羅丰苓老師的新書，揭示了霸凌背後的複雜性，特別是從小家庭教育和學校環境的影響。書中不僅探討了霸凌者和受凌者的心理動機，並提供教育第一線導師們實用的解決方案，幫助我們更有效地建立安全、友善的學習環境。

——陳詩嘉（國立員林高中數學老師兼任導師）

在霸凌事件裡，沒有局外人。我深信每個人都可以藉由這本書得到關於霸凌的寶貴知識與反思，深願每個孩子都被溫柔對待。

——程念恩（台北社企扶輪社前社長）

這本書讓我發現，學生生活的確是不自由的，你我是霸凌者也是受凌者，為人父母要仔細讀才能有正確教導。

——黃佳莉（台灣大學研發處產學合作總中心法務經理）

「霸凌」不是黑與白般的切割分明，而是由「了解」開始的自我探索和成長之旅。讓師生和父母三方從情緒的禁錮中走出來，開始選擇有愛和智慧的解決之道。

——楊雅紋（ESL帶班導師）

這本書絕對可以告訴你，霸凌就像校園及職場裡悄無聲息的暗流，隱匿於每一個角落。這本書是家長及孩子面對霸凌教育的一本好書！

——楊樹文（中醫大兒童醫院過敏免疫風濕科主治醫師）

系統分析霸凌者、受凌者等角色類型，形成脈絡並提供輔導策略與技巧，相當適合教育工作者精進的參考書籍。

——董文章（台中市立新社高中輔導主任）

謝謝丰苓老師的精闢分享，讓我明白了「好好聽、好好說、好好感受，於是我們能好好學習如何溫柔地對待自己與他人。」

——劉亦純（兒少美術教學與兼職插畫家、兩個孩子的母親）

透過本書內容，能夠清楚從各種角度了解霸凌者、受凌者是如何產生的，因「霸凌」是一個很嚴重的問題，很可能隨時都在我們周圍發生，你我皆可能參與其中，或許我們日常無心的一個舉動或是言語，皆造成他人的一個傷害。

——蔡仲軒（國際扶輪3461地區23-24年度扶青地區代表）

身為第一線的教育人員，我很高興有一本這樣的書能讓更多人認識霸凌的深層原因。

——謝為葦（國小教師）

好評推薦

林方鈴（東勢國小校長）
林怡伶（台南市校園安全事件諮詢輔導小組委員）
洪梅香（音樂森林中心主任、台灣家庭教育推展協會家庭教育講師）
洪嘉男（彰化師範大學教育學系博士）
陳麗妃（台中市晚晴協會活動企劃）
黃貴連（台中市黎明國中校長）
戴琬宜（社工）

（以上依姓氏筆畫順序排列）

序1

如果「魔鬼」其實不那麼魔鬼；「天使」其實不那麼天使

在校園霸凌事件中，「霸凌者」總被比喻為「教室裡的魔鬼」，而「受凌者」總像是「無辜良善的天使」。因此，面對霸凌時，常會想要使用所謂處罰、威嚇的「正義之劍」來對付魔鬼，為了要保護無辜的天使，更以為只要魔鬼悔改，不再是魔鬼，天使就可以快樂的生活。

這樣的想像，在哈利波特的魔法學院或許可能實現，只要念個咒語，汽車就能飛；必要時，還有隱形斗蓬，可以把自己隱藏，任誰也欺負不了。

然而，霸凌者、受凌者、老師、父母都是「麻瓜」，誰也沒有魔法；全世界都是普通老師、普通學生及普通校園。

變成魔鬼前，或許先有激怒的天使

大家都想好好上課，但A生卻一直大聲自言自語、敲桌子、常常甩筆又掉筆、經常提出與課程內容不相干的問題、反覆舉手問同樣的問題，老師常常被迫打斷上課，還得停下來制止A生。全班都討厭A生，就算他是過動兒還有情緒障礙，但誰都沒有權利要求別人忍受不斷地被干擾，不僅每天要忍受七節課，還要繼續忍耐一個月、一學期甚至是兩年、三年。A生有受教權，難道我們其他人就沒有受教權？

A生同班同學的心聲

B生會挖鼻屎，之後不洗手，又摸考卷傳給別人；直接拿走別人的立可白，話都不說一聲；看到同學成績比較差，就笑別人很可憐；

午休不睡覺，還假裝要拿東西故意大力跺腳吵醒同學。分組時，沒有人想跟B生同一組，B生就回家裝可憐對父母說全班孤立、排擠、霸凌他，然後我們就被老師罵了。

被B生控訴為霸凌者的同班同學心聲

霸凌事件經常在新聞媒體、教室和操場等受人關注的地方，上演著類似「魔鬼欺負天使」的景象；但其背後的真相，卻常常不是「可惡的魔鬼與無辜的天使」如此單純的想像。

序2 從一個男孩說起

一直記得多年前某一天，在某節下課經過校舍走廊時，看見一群女孩圍著一個男孩，作勢要打男孩，男孩則是躺在地上，雙手遮著臉，任由女孩們七手八腳地或搥或打或捏他。我見狀嚇了一跳，趕緊趨前去問那群女孩：「怎麼回事？」只見女孩們無辜地看著我並指著男孩說：「老師，他是隔壁班的，是他自己跑過來叫我們打他的。」

原來，那位男孩阿輝，在班級裡沒有同學會跟他說話，同學經常刻意略過阿輝跟其他人聊天，「同學都把我當空氣」，甚至連一點點嘲笑也都沒有。

於是，很想和同學有互動的阿輝，就主動去找隔壁班的女孩，自己要求玩「打人遊戲」，女孩們就成群結隊嬉鬧著玩起「打人遊戲」，阿輝感覺自己就像「女孩們大玩偶」，反而感到有點開心。阿輝語氣沉重地對我說：「你知道一整天被當成空氣的感覺嗎？」

我……我也曾經有過

當阿輝說出：「你知道一整天被當成空氣的感覺嗎？」這句話時，我的腦海中，出現三十多年前某個女同學的臉孔。

當年我還是個國中生，那時覺得有個女同學長得很漂亮，上課有幾次會看她。然後，她可能有覺察到我在偷看她，就到處說「羅丰苓很變態」。有好長一段時間，我被同學以不友善的眼光看待，同學經過我旁邊時，會碎語著「噁心」。

我到現在已記不得那位女同學的名字，對她的長相也剩下模糊的輪廓，但深深烙印在我腦海裡的是當時其他同學不友善的眼光，仍能聽得到同學有意無意對我說「噁心」的聲音。更記得那段期間，每次要走進教室時，那幾乎抬不起腳的沉重。

序3

三十多年來，我一直記得一個同學的名字

三十多年來，我一直記得一個名字，「陳ㄆㄟˋㄑㄧˊ」。她曾經是我的國小同學。

我記得我都叫她那帶有侮辱貶抑涵意的台語諧音「陳ㄆㄟˋㄑㄧˊ，真白痴」。這並不是我取的綽號，我是跟著同學叫的。當時內心也明白這是不好聽的綽號，但我不敢叫她真正的本名，免得別人以為我跟她同一國。我很擔心，如果別人以為我跟她同一國，會不會開始叫我「羅白痴」。我不想跟她一樣被嘲笑，只好跟著同學一直亂喊她的名字。

印象中「陳ㄆㄟˋㄑㄧˊ」同學，從來沒有因為名字被亂叫成台語諧音而生氣，但總是低沉著臉沒有多做回應，就好像默默在喝一碗什麼也沒有加的白

粥，不鹹也不淡。

三十多年來，我一直都知道沒有人喜歡被這樣叫，換作是我也不喜歡這綽號，相信「陳ㄆㄟ丶ㄑ一ノ」同學當時也不喜歡，但就這樣，被其他同學叫了很久。

總是有「那麼一位同學不受人歡迎」

班級中似乎總是有某位同學不討人喜歡，分組的時候沒有人想跟他一組，下課時總是一個人……。這幾乎是每個人成長中共同的記憶，總有「那麼一位同學不受人歡迎」，甚至自己就是「那位同學」。

霸凌，就好像小時候常見的雞蛋糕，幾乎是所有人都曾經嚐過的味道；但一直到了發生幾起霸凌事件，加上教育部的重視及多方宣導，原本不被在意的雞蛋糕，一時之間變成了熱門小吃，火熱了起來，也受到高度重視。

然而，霸凌並不是近幾年特有的產物，它一直都存在。我小時候，四十年前時就遇過；我母親也記得六十年前讀小學時，班上曾有一位不討人喜歡的同學；而我爺爺也記著他小時候在班級中一個人落單的情景，那是一直鎖在記憶的最底層，是爺爺八十年前的記憶。

霸凌，其實不只是簡單如「哆啦A夢」的故事

很多人常會用《哆啦A夢》裡的情節來比喻霸凌。「胖虎」是霸凌者、「大雄」是受凌者、「小夫」是旁觀者。但霸凌的真相，往往不是如此清楚且單純。真相是：在平常的人際交往中，某些時候，我們成了可憐的受凌者；某些時候，我們自己也成了霸凌者；而更多時候，我們是冷冷的旁觀者。

第一章

跟霸凌有關的幾個事實，可能跟你想的不一樣

霸凌，就像校園裡悄無聲息的暗流，隱匿於每一個角落。悄悄地蔓延，如同陰霾籠罩天空，綑綁原應翱翔的年輕翼膀。

然而徘徊於新聞事件裡，就像在迷霧中打轉；進入校園看清真相，才是解決霸凌的指南。

我們沒有辦法解決我們不清楚的事，跟霸凌有關的幾個事實，可能跟你想的不一樣。

校園真相1

一日太平，在中小學校園談何容易？

校園霸凌事件，就像潑了一桶墨，讓本來以為青草如茵的校園，瞬間染黑！校園或許是青草如茵，但要求上百上千名大腦尚未發展成熟、心性衝動的國中小甚至高中階段的孩子，同在一個校園，同在一個班級，一天長達近十個小時，一個星期至少五天，一年幾千個小時，永遠和諧相處，實非易事。

小高垃圾分類沒有分好，害班上的衛生股長被學校的衛生組長老師罵。抬餐不夠快的小欣，害同學比較晚吃飯，也連帶影響午休打掃時間，抱怨聲此起彼落。

因腸躁症而經常放屁的小信，遭同學嫌臭和排斥。

小洋吃完的早餐袋常往抽屜塞，發出異味甚至有小蟑螂，遭同學取綽號嘲笑。

本來大家講好的家政課烹飪食材，小俊卻忘了準備，影響全組的同學不能煮出料理。

本來分配好的話劇表演，小吟因為一時心情不好，不想演出本來的角色，讓全組匆忙重練，得到低分。

升旗時，本來應該全班穿制服，結果小姜穿成運動服，害全班整潔秩序被扣分。

因為小皓下課偷用手機，讓導師生氣，之後全班同學到校都得一律交出手機，放學後才能領回，讓同學很不開心。

大隊接力時，小佳掉棒，害大隊接力的名次從第一名掉到最後一名。

午休時，小力因睡不著覺，身體扭來扭去，碰撞桌椅，發出各種怪聲音，干擾同學睡覺。

盛飯時，小雯沒有戴餐帽及口罩，加上愛說話，同學抗議多次，覺得衛生不佳。

小洋經常不寫作業，下課時常得補寫作業，時間久了，自然就不會跟同學有什麼互動。

上課時很愛插話的小偉，打斷上課，讓同學不能好好聽課甚至影響到進度，想好好上課的同學對小偉感到很生氣。

小農在體育課時回教室拿水壺，看見同學桌上擺的高級自動筆，順手拿走，成了小偷。從此，只要有東西不見，大家就開始懷疑小農，這讓小農很難過，也失去很多朋友。

小亮有妥瑞氏症，經常會在上課時發出「嘎嘎」的怪聲，聲音大到連隔壁班都聽得到。同學雖然知道小亮不是故意出聲的，但一天得聽七個小時，真的很難受，也不喜歡與小亮相處。

小思是輕度智能障礙，常忘東忘西，老師特別找同學在旁幫助小思；但這也讓小天使同學失去自己下課及自由活動的時間，漸漸覺得小思是班上同學的包袱。

小進是情緒障礙的學生，常為了小事發脾氣，例如有一次體育課，大家排隊輪流投籃，小進不想等，就氣到拿球扔同學。這樣的事發生很多次，同學不想遭殃，都盡量躲小進躲得遠遠的。

小許有自閉症，一直沉浸在講恐龍的話題，同學都聽膩也聽煩了，也很怕接近小許，得一直重複聽他講各種恐龍的構造、顏色、年代等早已不知重複幾次的內容。

還有，小玉、小蓉、小彬、小隆、小君、小民、小威、小建、小英、小孟、小婷、小貴……。

在早自習、打掃、上課、下課、抬餐、午休、體育課、家政課、音樂課、童軍露營、戶外教學等任何時候，都可能會有人因為「太慢、太快、不小心、聽錯了、起心動念、一念之間、一個碰撞或不想認錯」等有意無意的衝突、糾葛等，讓心裡難過、身體受傷、財務損失、關係毀滅、友情離間。校園何處沒有事？一日太平，在國小、國中及高中的校園，談何容易？

校園真相 2

校園是學習的地方，也是霸凌的製造場

「青青校樹，萋萋庭草。筆硯相親，晨昏歡笑。」這是許多人記憶中的畢業歌曲，也是許多人校園的記憶。然而「勾心鬥角、謾罵嘲笑、爭競比較」也是許多人共同的成長記憶，回想起來仍舊會有點痛。

大多數校園，多具有以下幾點特性，間接促成霸凌的發生。

隱私性低

大部分學生的課桌椅就是一張桌面加上底下的抽屜空間。吃剩的果皮往裡面塞、擤鼻涕的衛生紙往裡面塞，甚至嚼過的口香糖也往裡面塞，這些種種不那麼衛生的習慣，或許源自於家庭教育的疏失，卻不容於班上二十幾雙眼睛，讓同學覺得「噁心」。

同樣的情形，數學科成績、英文會話演說、服裝儀容、作業，乃至情緒控管、幽默與否等，各種表現都是攤在大家的眼前。評價因此自然產生，「小華是個衛生不良的噁心鬼」、「小英功課爛死了，是拖累班上成績的拉拉隊」。

學生是不自由的

一般人如果想放屁，會盡可能不要被發現。但是，學生在學校一整天幾乎是集體行動，一起上課、座位鄰近，也很少學生敢舉手說「老師，我要去走廊放屁」。因此學生是不自由的，連放屁不想被發現、躲起來放屁的機會都沒有。

同樣的情形，學生即使有不喜歡的同學，但被老師安排坐在一起或同一組，還是得配合；或是看到同學的頭皮屑很多，很怕頭皮屑掉進飯桶，但還是得吃學校的午餐。

講求合群

學校是學生群聚在一起，講求集體行動、分工合作，是一個高度講求合群的場合，而且許多事都有連帶性，甚至影響到全班的利益。例如一般大人扔垃圾，其他人不太在乎他是否有做好分類；但如果有學生沒有做好垃圾分類，就有可能害全班的整潔評分被扣分。這些種種，會讓「個人行為的表現」與「全班連動」，對個人的表現要求更嚴苛。

大小事都在比較

班級是一群同齡孩子一起學習與生活的地方，而校園文化也習慣透過排行評比來明白孩子的學習情形。因此，學業會有班級排名、校排名，而像母親節卡片、教師節卡片製作也會有優選、佳作等評比，又或者像音樂課表演、童軍隊呼等，孩子幾乎就像生活在秤子上，各種表現不斷被「秤斤論兩」。

在這種情形下，確實能造就孩子的好勝心，因為不想輸，而鞭策自己努力學習與表現；但相反地，也成為班級地位高低的砝碼，甚至勝者恆勝，有些各方面表現優異的同學，去上學簡直就像去遊樂園，不斷獲取金幣，班級地位也相對較高；而有高就會有低，也會有同學不僅學業表現失利、長相又不吸引人、講話也不討喜等，相對之下就會落入班級地位低下的情形。這些都是一群孩子在一起會自然產生的「橫向比較」效應。

課室管理的學校文化

在國小、國中及高中階段，老師多是一節課一節課配合課表上課，而學生也是一節課一節課進行各種不同的課程。因此，最省力的管教方式就是「課室管理」，如在課堂上檢查作業，也連帶一起管教，「為何沒有帶數學習作？」「英文學習單怎麼沒寫？」「圍巾勾的長度、圖案設計圖？」等。在進行課室管理難免就會有「稱讚」與「指正」，長期下來，這些也會影響孩子的班級地位高低。

一群「理性不足衝動有餘」的青少年

根據大腦發展而言，一般人約莫要到二十多歲，大腦才漸漸成熟而發展出較理性的思維，而國小、國中與高中，可說是上百上千個「理性不足卻衝動有餘」的大腦集中營，如果連血脈相連的兄弟姐妹都會吵得天翻地覆，又怎麼能期望上百上千個孩子，能無風無雨、好好和諧相處？

由上述可知，孩子的成長年齡個人因素，再加上學校制度文化背景等，學校可說是霸凌製造場，這並不是指「誰故意霸凌誰」，而是個人與環境結構容易發生霸凌，這也可以理解為何霸凌發生的高峰期是在國高中。青少年是血氣方剛的年齡，多看了一眼、多說了一句，就可能產生嫌隙與衝突。

相對於國高中，大學發生霸凌的情形就會明顯減少。因為大學生比較講求自主發展，個人報告、彈性修課，而「教授與大學生」的互動也多是採尊重大學生自己的學習，很少會進行課室管理，也幾乎不會有公開的班級排名。大學生也相對較能理性思考與情緒控管，因此大學的校園霸凌就明顯少於國中小階段。

校園真相 3

霸凌是普遍存在

集結了上百上千位青少年的校園，本來就是容易發生衝突的環境，再以教育部霸凌的定義來說：「霸凌指個人或集體持續以言語、文字、圖畫、符號、肢體動作、電子通訊、網際網路或其他方式，直接或間接對他人故意為貶抑、排擠、欺負、騷擾或戲弄等行為，使他人處於具有敵意或不友善環境，產生精神上、生理上或財產上之損害，或影響正常學習活動之進行。」這樣包山包海式的霸凌範疇，也等同是把孩子之間相處的各種可能的摩擦衝突行為，全部都列入霸凌。

「同學，你很白痴耶」、「在白紙上畫一個醜臉」、「伸出手作勢要打同學」、「生氣時推來擠去」、「在IG限動上抒發怒氣批評同學」等，都或多或少可稱之為「貶抑、排擠、欺負、騷擾或戲弄」等行為，也都會讓人有精神上的難過，也可稱為損害，甚至可能也會有身體的受傷或財物的損害。這些可以是霸凌，卻也是孩子之間的日常——遇到不滿的同學，用讓對方不舒服的方式對待他，以抒發心中的不滿與怒氣。

「如果，你有不舒服，就跟對方好好講」，這是對的，也很有道理。但這不是孩子擅長的方式，尤其在衝動大於理性的青少年時期。

因此，依著「包山包海、不分輕重、不論嚴重程度」廣泛性的霸凌定義來看，霸凌是普遍存在的，何處無霸凌？

校園真相 4

班級異質性遠超過以往

在推行三十餘年融合教育的理念下，有高達九成以上的身心障礙孩子與其他二、三十名同儕一起上課。理想上，針對身心障礙學生的特殊需求，教學內容要簡化或減少，教學過程中要協助標出重點、關鍵詞，或從旁協助指導閱讀或者分層教學等。在考試上也要調整，可能以日常表現或作品集等方式替代紙筆測驗。以上種種皆需耗費相當大的心力，才能真正提供符合身心障礙孩子的個別化教育，也才能讓融合教育不至淪為混合教育。

但是，在現實的普通班級裡，一位老師面對著二十幾個學生，除了身心障礙的孩子之外，可能還有隔代教養、經濟弱勢、受暴孩子或高風險家庭等，這些孩子都會有特別的身心需要或行為管理的協助。而當現實的教育環境，難以滿足身心障礙孩子的需要時，這些孩子就像「班級裡的客人」一樣，或是表現退縮成為角落生物，可能遭受霸凌，或是透過干擾上課秩序、破壞公物、激怒同學等，來表達不滿的情緒。一般同齡的孩子也只是孩子，如何期望「孩子永遠包容孩子」？各種衝突、爭吵、誤解、怪罪、報復、發洩等，都影響著班級的秩序與穩定性。

而在班級經營與秩序維持困難的情形下，從來沒有任何學校，可以因「班級有智能障礙同學就少考一課國文、少考二節數學」，學校的考試進度和要求並不會因為班上有身心障礙孩子就降低標準，大家還是要按照相同的目標和內容來學習和考試，畢竟大多數普通孩子的學習權利一樣重要，普通孩子也需要好好受教以能發揮自己的潛能。

這些問題往往不是「愛心」、「包容」就能解決，畢竟，不能說停就停的課堂進度、難以控制的班級秩序、難以平穩的身心障礙特質，都是每天需要面對的嚴峻事實與考驗。這些種種，也都成為霸凌蟄伏的溫床。

校園真相 5

大部分的校園霸凌跟新聞播的不一樣

黑暗榮耀桃園版：國小女童遭同學霸凌踹下體 身心受創拒上學

早上上學進教室時，遭男學生堵住去路，先以言語侮辱，並以拳腳相向，不僅踹下體、毆打，造成胸、臀部及會陰鈍傷，還帶頭言語侮辱，女童當下以書包阻擋，還是遭男學生偷襲成功。男學生還會聯合其他同學繼續對女童言語侮辱，女童向老師反應，經老師指責後，男童還是不聽勸告，繼續霸凌女童。（2023年4月26日聯合新聞網）

任誰看了這則霸凌新聞事件，都會覺得「校園怎麼這麼可怕？」「受害者真是可憐！」而「霸凌者可惡也可恨極了」。一聽到霸凌，就直接想到「踹下體、毆打、身心受創拒絕上學」等不當行為。

然而，大部分的霸凌行為，都是「排擠、羞辱等關係霸凌、言語霸凌」，只是占最多數的「排擠、羞辱等關係霸凌、言語霸凌」並不會見諸媒體，也不會被關注。唯有像類似上述拳打腳踢的行為，再加上新聞媒體的「聳動標題、暴力情節」，會讓「少數卻暴力的霸凌事件」深植人心。

把「霸凌」連結成「拳打腳踢、頭破血流」等想像，可能會使父母一聽到孩子遭受霸凌，就跳腳甚至抓狂等過度激動的反應，這樣反而會讓孩子害怕把心事跟父母說，父母更難掌握孩子在學校的情形。

霸凌的真相複雜，根植許多層面，包括個人、家庭、學校、文化等，「懲罰霸凌者」往往不能達到根本的效果。對霸凌的真相能有越深入的認識，越能理解霸凌絕不只是學生之間的問題與惡行，需要更多的覺醒和努力，甚至更多的改變，才能共創更和諧、包容與人人安心上學的校園。

第二章

「我被霸凌了」，但可能「沒有人」是真正的兇手

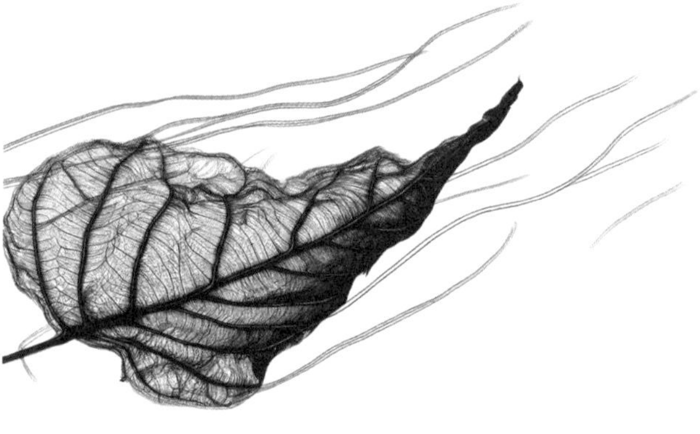

我感覺自己被霸凌了，如同一片落葉，在風暴中被摧殘、沒有可避雨的角落，只是身處茫茫的曠野。但在曠野之處，試圖尋找霸凌我的兇手，卻連影子都找不到……。

在滿是嘈雜和腳步匆忙的校園，「被霸凌」對孩子來說是沉重且難以承受的壓力，像一塊無形的石頭壓在胸口，讓人喘不過氣來。但「霸凌的兇手」可能沒有特定的面孔或名字。

可能兇手1號

群居動物的「人性」

C生因爸爸工作的調動，轉學到一所新學校，C生很希望能融入新班級跟同學好好相處。但是，C生轉學進來的時機點正好是運動會籌備期間，班級中的運動員名單早就確定，有人參加大隊接力、有人參加短跑或擲鉛球等項目，而剛加入的C生只能加入啦啦隊。每次看到同學熱烈討論運動會的情形時，C生就會感到失落和難過，感覺自己像是一個「外人」。

很想與人互動的C生，開始主動找話題跟同學交流，希望能交到好朋友，成為班級中的一員。但是，幾次嘗試後，發現本來在以前班級大家很喜歡的手遊，這個班級的同學大部分沒有興趣，且常打斷C生談話的內容，同學們早就有自己喜歡的話題圈。

C生漸漸從「期待融入新班級」到「無法融入的失望」，後來更感到被排擠、孤立，進而想要再轉學。這整個過程僅僅經歷了一個星期的時間。作為家中的獨生子，加上剛搬家的環境改變，C生迫切想與同儕建立友誼。當這些期待未能實現時，帶來的失落感也特別強烈；自然覺得「同學對他不夠友善、甚至是在排擠、孤立他」，如同遭受霸凌一般。

人是群居動物，人性的本質就是要融入團體，自然會期待被人喜歡、被老師與同學接納，這是根本的心理動力。這不僅是孩子的需求，大人也是如此，就像新進員工進入一個陌生的職場，也會有點緊張和擔心，希望能與同事相處融洽。

因為是抱著「被人喜歡」的期待進入群體，一旦被人喜歡、被人接納的期望落空了，就會感到難過。就好像對了幾百張發票，卻都沒有中獎，難免有些失望，這其實是「期待落空」所帶來的負面感受。

而一旦覺察自己沒有被人喜歡，自我價值會變得低落，甚至可能默默退到角落的小小空間，有些孩子像個安靜的角落生物般，往往在分組時落單。而有些孩子則以「失控、犯規」等方式來引起注意，用被否定的行為來滿足被肯定的需要。

可能兇手2號

假想觀眾

國中二年級的女學生E生，哭得一把眼淚一把鼻涕地衝進輔導室，哭訴自己遭受霸凌，也喊著要轉學，她提到：

早上上學走進教室時，看到一群同學在講話，小美和那些同學轉頭看了一下我，然後就繼續講話，我覺得他們一定是在講我的壞話。

還有，昨天第二節下課，我本來想去找小欣講話，結果小依就去找小欣，並且還約小欣一起去上廁所；小依雖然和小欣是好朋友，但小依之前下課都是去找小美，一定是小美想要孤立我，看見我想找小欣，就故意叫小依先去找小欣，讓我變成孤單的一個人。

另外，班導在班會時看了我一眼，臉上沒什麼表情。我想一定是我們班上星期整潔衛生沒有得獎，因為有同學垃圾分類沒有分好，害我們班被扣分。老師一定是覺得我這個衛生股長沒有做好。老師一定對我很失望，才會看我一眼，然後臉上沒有什麼表情。

E生以為遭受孤立、排擠甚至被老師怪罪的事實是

小美當時與一群同學在講週日去看動漫展的事，因為有人走進來，大家只是轉頭過去看是誰來了，然後，就繼續討論動漫展的事。而小依就只是想上廁所，看到小欣一個人在座位，就順便找她一起去廁所，邊走邊聊天。至於班導，則根本不記得在班會課有特別去看E生一眼。

相信很多父母都有這樣的經歷：青少年可以為了弄好額頭上的一小撮瀏海，不惜上學遲到；甚至也可以為了剪壞的頭髮，乾脆在家不去學校。他人眼中的幾根毛，對孩子來說彷彿是他們的生命線。

青少年時期處於逐漸脫離父母轉成獨立成人的階段，也是自我探索的階段，處於「我是什麼樣的人」、「我適合什麼樣的風格」、「我的才能是什麼」、「我的感受如何」等「十萬個我」的時期。青少年常會出現「自我中心」的

心理特徵，甚至認為「別人也會像自己一樣，特別注意自己」，也就是說青少年常會覺得自己是萬人矚目的焦點，覺得「大家都在看我」，自己受到眾人關注。對自己的一言一行都會非常在意及感興趣，且會過度想像別人可能對自己言語及行為的反應。

這種以為「大家都在看我的心理」，可能使青少年的精神經常處在警覺狀態，會努力避免自己做出不當行為而招致嘲笑和拒絕等，以避免自己落入尷尬、困窘的狀態。

正因為這種「警覺狀態」，也很容易過度放大同學的行為或是誤解別人無心的舉動，而覺得別人是刻意針對自己和霸凌自己。如故事中的E生，連老師「沒什麼表情」都會解讀成「對我失望」而感到難過。

可能兇手3號

個人神話

記得有一次在校園中遇到K生，他突然開口詢問：「可不可以到輔導室找你談談。」

K生是同學眼中情緒穩定、學業表現優異的男學生。他一進輔導室，眼淚就掉個沒停，哭訴著「覺得自己很差，根本是個廢物。」K生提到本來他以為自己很強，但模擬考成績不如預期，覺得自己根本就不是讀書的料。

接著又因「假想觀眾」的心理特徵，K生覺得「同學一定在看我的笑話，我是班長耶，別人一定會覺得班長怎麼這麼爛，成績還輸給班上其他某些同學。」

K生覺得在班上根本待不下去了，認為別人都用異樣的眼光看自己，好像巴不得自己不要再繼續當班長。

但是實際上，即使K生覺得自己表現很差、像個廢物，但在同學眼中，K生根本就只是「一時失常的學神」，即使模擬考失常，其成績仍舊名列全校第十七名。

「個人神話」是青少年階段常會出現的心理特徵，意思是指青少年相信自己的情感體驗是與眾不同的，是獨一無二甚至是無所不能。而也因著這樣的信念，可能會讓青少年覺得自己可以凌駕於規則、紀律和法律之上，甚至會表現出孤傲，或是違反社會秩序或侵犯人權的行為。

然而，當青少年發現現實生活並非如此的時候，就會對自我產生懷疑，並且走向另一個極端，即悲觀、失望和自我否定等各種負面的情緒。

但由於這些感受是「現實生活中沒有同學把他當作神」，也因此，在失落的情感之餘，連帶會覺得同學對他不夠好、不理解他、不是他的朋友等，也會覺得自己受到冷落與孤單，甚至自己會遠離「沒有把他當回事」的同學，也就衍生出「自覺遭受孤立與排擠」的情形。

無論是「假想觀眾」或「個人神話」，都會隨著社會化的時間，以及大腦的成熟與穩定，逐漸調適發展出合理的觀點與自我的評價，也更能在自以為是的觀點與他人的觀點中做區分與了解，青少年漸漸不再以自我為中心，也可更客觀地看待自己，並發展有意義的人際關係。

個人神話的心理特徵，也可能會讓青少年自以為是老大，在遇到比較弱勢的同學時，可能會在人我界線上出現踰矩、霸凌的行為。

可能兇手4號

一個人小孩

國中新生剛開學，很多同學都在忙著尋找彼此的共同點，希望能找到好朋友。有人享受學習的樂趣，成為學霸；也有人有特殊才能，成為班上的「吉他王子」。喜歡閱讀與寫小說的N生也一樣，試圖找到興趣相投的朋友，或是加入班上一些小團體。

但經過一段時間，N生發現自己在學業上並不突出，無法成為受同學讚賞的學霸；除了寫小說，也沒有其他可以表演的才能，無法讓自己在同學中受到矚目。而班上的同學，有人討論手遊、有人喜歡籃球、有人喜歡追劇，但沒有同學可以跟她一起去圖書館或創作小說。

下課時，她看到其他同學三三兩兩在一起聊天玩耍，自己卻總是獨自一人，經常感到孤單與寂寞，也漸漸退縮到人際的角落，變得鬱鬱寡歡，悶悶不樂。

新進到一個班級，大家會依歸屬感、依自己的個性、擅長的能力甚至是過往在團體中的風格等，去摸索自己在團體中的位置與角色，是否成為領導者？是否可以找到依附的小團體？找到好朋友？人際情感定位系統不斷在找尋自我的定位。一般來說，大部分的同學多能在各種場合或與不同的人交往中獲得肯定，也在調適中「平安無事」地在校園中生活與學習。

但有些人找不到定位，沒有同學可以依附，也難以沉浸在學習的樂趣，再加上自己缺乏能被同學肯定的突出表現，漸漸就成為比較不被人注意的同學，運動會時可能是排在中間棒次或候補、分組時也不會有人主動來找、下課時其他人都有好朋友，只有自己成了「一個人小孩」。

同學沒有對我怎麼樣，但正是因為「沒有對我怎麼樣」，我才會覺得「怎麼樣」。

「一個人小孩」阿梅的心聲

可能兇手5號

玻璃心

國三的L生因為沉迷於手機，導致與父母產生了嚴重衝突，甚至請假幾天沒有到學校。經過一星期與父母的冷戰後，在父母對使用手機的妥協下，L生終於回到了學校。同學G生見到L生，出於關心，開口問道：「L生，你怎麼這麼多天沒來學校？」

L生聽到後心裡感到不開心，覺得自己沒有來上學引起同學的注意，好像做錯事一般，被同學責問。L生默默沒有回答。

回到家，L生的心情依然沉重，跟父母抱怨：「今天在學校，同學都在看我，G生還問我為什麼這麼多天沒來學校。我覺得同學都在針對我，我不想再去上學了。」

聽到孩子這麼說，L生的父母非常憤怒，認為學校沒有提供一個安全的學習環境，甚至還讓孩子被同學針對與指責，導致L生不敢去上學。

類似的事情，屢見不鮮。記得有位國二的N生，從國小開始就時常輟學，而有次N生缺交數學作業，數學小老師就把N生的座號寫在數學作業未交的黑板區，其他科目如英文作業、國文作業等缺交的同學也都會登記。隔天N生沒有來上學，但N生的爸爸氣呼呼地跑來學校，質問學校沒有好好照顧他的孩子，甚至要告同學霸凌他的小孩，「沒有交作業就被登記在黑板，讓我兒子很沒有面子，心裡難過，不來上學了。」

當父母為了討回孩子的正義出征時，其實可能面對的是飽受憂鬱焦慮所苦的孩子。

有些孩子，十分敏感、警覺性高且經常把自己當成受害者，把大大小小同儕之間正常的互動，都視為「別人是故意講這個、做那個」讓他難過，或可稱為「玻璃心」。

「玻璃心」的孩子，有時同學真的只是摸一下，心就碎了；然後，同學就連摸都不敢摸，保持距離的結果，又心碎了。「玻璃心」的孩子，其實也可能是「拿別人無心無意的話語當羽箭」，一直往自己身上射的加害者。

第三章

在「無辜可憐的天使」之外

當一個孩子身陷霸凌，以「無辜」與「可憐」同情其處境，或許能給予一時的安慰。然而，孩子需要的不僅是溫柔的擁抱，更需要堅實的盾牌，築起堡壘，不再遭受霸凌。

在許多霸凌的故事、新聞甚至電影情節中，都把受凌者描繪成「弱小、楚楚可憐、不會反抗」，以致於遭受霸凌。然而，受凌者不會只有「楚楚可憐、體型弱小」的樣子，高大強壯甚至個性強勢的人，也都有可能成為受凌者。

一、常見受凌者的類型

1. 強詞奪理型受凌者

國小畢業時獲得市長獎的D生，升上了國中。D生平時在班上以自己的聰明才智自豪，經常在課堂上提出自己的見解，甚至許多時候也不聽老師的解釋，堅持自己的觀點是正確的。

尤其是在分組時，D生常會主動提出許多想法，並堅持只有自己的方法最有效，甚至當有其他同學提出別種可能的方法時，D生會輕蔑地說：「你這樣的成績，還能有什麼好想法？」這種情況不只發生一次。

時間久了，班上很少有人願意與D生同組，每次分組時，D生總是落單，或是經常被同學找理由拒絕同組。

強詞奪理型的受凌者，其自我主張非常強烈，不在乎他人的意見，會不斷訴說自己的想法，凡事都想依照自己的想法進行，永遠把自己排在最前面，表現得自私自利，以為「自己是最棒的」，甚至會在有意無意之間鄙視同學，像是面對成績不理想的同學，會說出「你好可憐喔」等令人生氣的話。

因為自視甚高，常自以為「懂很多、比同學強」，以此攻擊同學，讓同學感受到被貶低與羞辱；又或者有強烈的防衛心，只要有人意見不合，或是被指正，就會表現出厭惡跟自己意見相反的人，甚至強詞奪理、死不認錯；其合群性也很低。這類型的受凌者，最常遇到的就是「分組落單、沒有人想靠近他」、「被孤立、排擠」等情形。

2.無反應型受凌者

多年前，曾經到某個身高一百八十公分且是跆拳道黑帶的國中男生C生家，進行家庭訪問。C生在學校遭受霸凌，常有同學趁C生不在座位時弄翻桌子，踩踏外套甚至亂畫考卷等。

印象很深刻的是，C生幾乎沒有什麼表情反應，而媽媽則是很有反應，大小事都替C生回答，儼然虎媽的樣子。記得當時他的媽媽說過一段話：「我就是看著兒子一副很膽小的樣子，怕他被人欺負，所以才讓他去學跆拳道。」

人與人相處，很重要的媒介是「有互動才有相處」的可能，而言語表情互動則是增進或拉遠彼此關係的關鍵。

所謂無反應型的受凌者是指，跟他講話的時候，會很懷疑他到底有沒有在聽自己講話？因為他從簡單的「嗯、嗯」到「眼神專注」都沒有。沒有言語回應而眼神又空洞飄移，即使人就在眼前，卻覺得人不在這裡。

這樣的同學，可能常會讓人以為「他怎麼了？」說不到幾句話，讓人很想問「他是不是發生什麼事情？」時間一久，就會發現難以溝通，交流常常卡關，相處起來也非常不順暢，有時更會因為「沒有反應」，讓自己覺得不被看重，有被敷衍的感受等。這樣的行為，自然容易沒有朋友，呈現被孤立的樣態。

這類型的孩子，如果遇到行為本身偏愛惹事看熱鬧的人，很可能就會發生嚴重的霸凌。無反應的表現，例如被同學說「你是白痴喔」等不當的語言，因為沒有表現生氣或介意，有可能會讓欺負行為變本加厲，反正你也不會怎樣，因此欺負行為不必付上代價。

3.優柔寡斷型受凌者

R生是個小學五年級的女生，個性經常猶豫不決，甚至連點飲料也需花半小時才能做出決定。而像童軍課或家政課這類須完成任務的分組課堂，R生猶豫不決的行為，讓同學很受不了。

有一次，家政老師讓每個小組決定要做什麼口味的餅乾，與R生同組的同學，很快就提出了各自的建議，有人想做葡萄乾口味，有人想做巧克力口味。但一組只能選一種口味一起做，當問到R生時，她回答：「讓我想一想，我等一下再回答你們好嗎？」

同學等了一會兒，但R生還是沒有做出決定，時間一分一秒過去，家政課可以做餅乾的準備時間也越來越少。最後，同學不管R生的想法，自己做出決定，選擇了巧克力口味。R生則表現出不反對但也不支持的態度，讓同學感到很不耐煩。類似的事發生過很多次，只要與R生同組過的人，幾乎都不想再與R生同組，覺得R生總是拖延大家的時間。

學校生活是緊湊的，一堂課接著一堂課，有時在教室上課、有時需要移到電腦教室、操場、音樂教室甚至大禮堂等，從事各種校園活動，很多時候也需要「迅速決定」，如「家政課的比薩要做什麼口味」等。

優柔寡斷型的受凌者，大小事都猶豫，經常把「讓我想一想」、「我等一下再回答你」等這些模糊不清的言語作為回答，想有自己的主張卻又無法有自己的主見，同時又不同意別人的看法或配合同學的做法，此類優柔寡斷型的人會使同學一直等待並耗費心力。

國高中的學校生活作息步調講求快速，而且普遍來說，青少年又比較容易心浮氣躁；因此，與優柔寡斷、做決定拖泥帶水的人相處，便會容易感到不耐煩，甚至很不想與其同一組。如此一來，過於優柔寡斷的學生便很容易淪為邊緣人，形同遭受孤立一般。

4. 抱怨型受凌者

P生是小學六年級的男生，臉上常掛著不滿的表情。與同學談話的內容，多半繞著課程太無聊、老師太嚴格、營養午餐難吃等大大小小的抱怨。

有一次，體育課時老師安排了籃球比賽，P生被分到了甲隊。比賽開始後不久，他就開始抱怨球的材質不好、場地太滑，甚至也抱怨隊友的傳球方式。被抱怨的隊友心裡感到很不悅。

下課時，同學熱烈討論著園遊會的活動，大家都很興奮，而在一旁的P生，則開始說起之前的園遊會有多無聊，食物不好吃又貴，二手物多是一些爛貨等，參加園遊會根本就是浪費時間。本來興高采烈討論的氛圍，很快就被P生弄糟了。

漸漸地，同學開始疏遠P生，沒有人想在下課休息時間聽P生抱怨，更不用說一起參與活動了。

在心理學上，有個名詞叫作「鏈狀效應」，是指人在一起時會相互影響。曾有大學做過一個實驗，讓一位樂觀開朗的人跟一位愁眉苦臉、抑鬱抱怨的人共同待在一個房間裡，結果不到半個小時，原本樂觀開朗的那個人，也漸漸變得像愛抱怨的人一般。

很多心理師甚至也會提醒，不要與愛抱怨的人深交，以免讓自己陷入負面情緒。而人也有自我保護能力，大部分的人都會想跟能讓自己快樂的人相處，就像是喜歡吃美味的食物一般；相反地，也會想避開相處之後會帶給自己痛苦的人，就像避開難吃的食物或難聞的氣味一般。

所以，很愛抱怨的孩子，即使沒有對同學做什麼壞事，光是「抱怨東抱怨西」，就足以讓自己沒有朋友了。

5. 討好型受凌者

K生是一位國小五年級的女同學，外型纖細，喜歡唱歌，很在意同學的看法和感受，時常擔心自己會不會做錯了什麼、會不會被人討厭。

有一次，班上要進行戶外教學。在分組討論行程時，K生小心翼翼地提出了自己的建議，但聲音太小，同學並沒有立刻回應她，只是繼續講著要帶什麼好吃的去。K生擔心自己的想法會打擾到別人，於是連忙安靜不敢再講自己的意見。

只是，當K生看到同學興高采烈地討論時，焦慮自己像是「邊緣人」，甚至想著可能有人暗中不喜歡她。為了驗證明自己的想法，K生甚至私底下會不斷詢問同學，「自己有沒有什麼需要改進的地方」等，或常會主動要幫同學跑腿買東西，或對同學表現出過多的關心，讓同學感到不自在。

K生小心謹慎的態度，就像隻受傷的小貓一般，同學也生怕無意間傷害到她脆弱的心靈，逐漸的，同學開始避免與K生有太多接觸，擔心一不小心就會引起她的焦慮和誤會。

在意別人、為別人設想是好事，但有些孩子過度在意別人，與人相處時處處小心翼翼地看別人的臉色，常常擔心自己是不是被討厭了？這類孩子與人相處常表現出焦慮，且由於過度在意別人對自己的好惡，很容易誤會別人針對自己，有時也會表現出很黏對方甚至越過人際界線。

這類型特質的孩子其實不容易相處，讓對方也得小心翼翼，在青少年比較隨性的階段，自然讓人避之唯恐不及。

6. 刺蝟型受凌者

G生是國中二年級的男學生，總是帶著高度戒備心，對待同學時經常無故批評和指責，甚至在遇到問題時，也總是把責任推給別人，從不認錯。

有一次，美術課分組活動時，各組要一起製作跳蚤市場的宣傳海報，每個人都各自負責一部分。當海報快要完成時，發現G生負責的部分，價錢方面有明顯的錯誤。面對同學的詢問，G生不承認是自己的錯，反而指責其他人沒有給他足夠的資訊，讓他計算錯誤；也怪罪同學只有口頭說，沒有用紙筆寫下來，害他弄錯價格。

這種自己犯錯反而急著把錯誤甩鍋給同學的行為，讓G生在班級中的人際關係越來越緊張，同學開始避免和G生同組。G生感到孤獨和痛苦，但依舊認為都是別人刻意刁難他，不願意承認有部分原因是自己的行為所致。

不同於強詞奪理型的受凌者，刺蝟型受凌者不一定有理，常不分青紅皂白地批評、指責、怪罪、栽贓、嫁禍別人，也就是「髒水往別人身上甩」；但同時又由於內心很脆弱，渴望有朋友，對於「自己沒有朋友」、「同學不喜歡自己」，又認定是「別人的錯」造成「自己的痛苦」。

刺蝟型的人之所以會成為受凌者，通常是因為沒有道理，或是「死不認錯」、「胡亂怪罪」，而讓同學覺得「沒有格調」、「人品不佳」，班級地位通常低落，容易被同學瞧不起。一旦犯了錯，加上本來就對人刻薄、不客氣，所以同學也不會對其和顏悅色，只要有一點做不好，就容易成為大家爭相指責甚至謾罵的對象。

二、從「胖虎欺負大雄」到「一群人討厭大雄」

小佑，愛亂插嘴、愛告密，而且情緒起伏很大，你願意與他當朋友嗎？小庭，整天沉默不語，身體會發出惡臭甚至髒汙，你願意與小庭同組嗎？

霸凌，有時或許是「胖虎欺負大雄」的單一情節，但大部分的情形是，「班上很多人都不喜歡大雄」。

受凌者大多時候是班上的少數分子，一位或兩、三位，人數通常不會太多；道理很簡單，試想一下，假如班上大部分的人都是受凌者，那誰會是霸凌者？

霸凌事件發生時，受凌者往往是受到同情的弱勢者；然而不可否認的事實是——受凌者經常是在班上那位不受多數同學歡迎的人。一個受人歡迎的孩子不太可能會遭受霸凌，因為一旦遭受霸凌，就會有要好的朋友出來相挺，也就不可能會出現長期、反覆遭受嘲笑、排擠等不友善的行為。

若再進一步了解受凌者，會發現受凌者從幼稚園、國小乃至國中或高中，無論換過幾個班級、轉學幾次，大部分仍會持續淪為受凌者的角色。轉換過多個班級，上百位的同學，為什麼偏偏是他會被同學長期、反覆的不友善對待？

然而「不受人歡迎」並不表示「做錯什麼事不受人歡迎」，一個人之所以不受人歡迎，可能是「個性難相處」、「行為獨特不容易與人互動」，或「話不投機很難交流」等各種性格、行為或情緒，甚至是做事風格等各種因素，成為「人緣不好」的人。

即使如此，「不受人歡迎」當然不是遭受霸凌的理由，但不受歡迎的孩子，容易陷入孤立的境地，在遭遇不公正的待遇時，缺乏同儕支持和幫助。這不僅加深受凌者的痛苦，也讓霸凌者更加肆無忌憚。

三、為何會成為「班級中不受人歡迎的人」？

進一步思考，為何有些孩子會成為「班級中不受人歡迎的人」？或可先從個人因素分析。

本來大家都不認識班上的其他同學，都只是「一般同學」。而隨著相處的時間增加，「人格特質」、「社交技巧」、「不當行為」及「關鍵事件」等，都可能直接或間接一點一滴形成對某人的好感或反感，也慢慢形成「被大家討厭的A」與「人氣王B」。

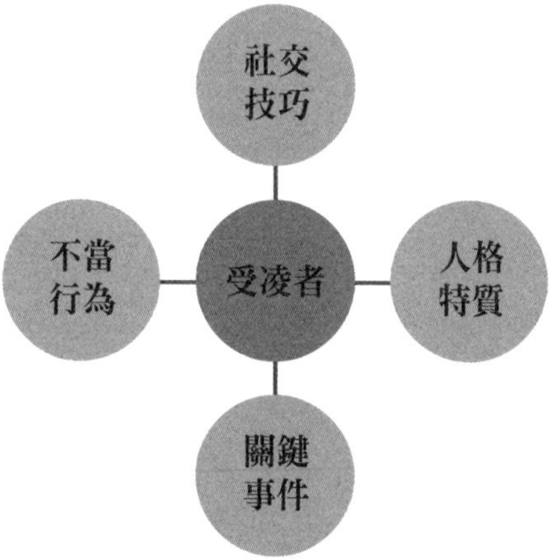

1. 社交能力低落

同班同學長時間共處在一間教室，其實是需要很多社交技巧的。例如學會傾聽並能與同學聊天、窄路相逢時得說「借過」、禮貌地向同學借物品、撞到同學適度表達歉意等。不要只顧著自己講話，也要會聽同學講話，才能一搭一唱，有互動。又或者如果知道自己比較容易猶豫不決，所以與人同組時，就要多合群，不要讓全組的進度被自己的緩慢決定而耽誤。

記得曾遇過一位剛升上國一的女孩小妃，在班上遇到喜歡的同學，想跟同學成為好朋友，竟向對方說：「你不和我做朋友，我就找學長來搞你。」很快地，小妃就成了班上被大家討厭的對象，不僅沒有交到朋友，小妃經過的地方，同學甚至會故意閃躲。小妃難過地表示：「我以為這樣可以交到朋友，卻用錯方法。」

2. 人格特質過於內向、退縮或外顯、激動

具有愛哭、害羞、容易焦慮、退縮、缺乏幽默感、自信心低落、情感壓抑、個性順從等過於「內縮」人格特質的孩子，易成為典型的受凌者。一方面是因為遭受欺負不敢反抗，使得欺負的行為一再發生；或者是遭受不友善的對待，表現出哭泣、焦慮、退縮，反而使對方「獲得樂趣」、「滿足權力擴張的慾望」，如此反覆增強錯誤的行為，形成霸凌事件。

相反地，有些孩子具有易怒、情緒起伏大、激動、衝動等過於「外顯」的人格特質，也容易成為同學討厭的對象。這類孩子很容易「惹毛別人」，並且「死不認錯」，人際關係自然會受到影響。他們在班上少有同情者，多是被全班一起合作「對付」。

3.不適當的行為

若孩子做出一些不受人歡迎甚至惹人討厭的行為，也容易遭受同儕霸凌。不適當的行為如干擾上課，大部分的孩子仍是想要好好上課，但有些同學對上課興趣缺缺，出現「上課公然睡覺」、「問無關課堂的問題」、「上課聊天」、「時常跟老師回嘴」甚至「敲打桌子」等各種干擾上課秩序的情形。這些孩子若沒有高度的社交技巧，如風趣幽默，很容易成為班上不受歡迎的人。

4.關鍵事件

在社會新聞中，如果未成年犯罪，不僅得匿名，甚至還得用馬賽克模糊臉孔以防辨識。然而在學校大部分學生的行為都是「公開」的，例如某個同學作弊、偷竊，甚至家庭狀況的披露等，都可能讓孩子遭受排擠。記得有位孩子遭全班同學譏笑「精神病」，就因為有次他罹患精神疾病的母親到學校「鬧笑話」，從此那位同學的言行，只要稍有差錯便會與「精神病」的稱呼連結在一起。

另外，有位男孩，在大隊接力比賽時不小心掉棒而嚴重影響班級成績。同學抱怨時，男孩竟回嗆「我就是愛掉棒，不然想怎樣？」運動會過後沒有多久，再加上平時的一些零星衝突，他就成為「全班公幹」的對象。私下談到時，這位當初很嗆的「硬漢」卻掉下眼淚，他說：「當時我也很難過，我又不是故意的，只是不想認錯。」這一些關鍵事件，很容易讓孩子瞬間被標記為「不受歡迎人物」，而對其採取各種不友善的行為。

然而，「關鍵事件」通常只會短暫引起側目，如果能有良好的社交技巧或大人的協助，通常能有效的化解。

四、孩子能否在班上受歡迎，經常跟家庭及學校有關

除了個人因素之外，家庭因素及學校因素也常跟「孩子能否在班上受歡迎」有關。在家庭方面，家庭教育方式對孩子的性格和社交技巧發展有重要影響。過度保護或過於嚴格的家庭環境，可能限制孩子的社交能力發展。又或缺乏父母的支持和引導，孩子在面對社交挑戰時可能會感到無助甚至退縮。

學校方面，學校的整體文化和氛圍對孩子的社交地位會有重大影響。若處在氛圍較為包容、鼓勵多樣性和差異並存的校園環境，有助於減少孩子成為不受歡迎人物的可能性。又或老師的公正、關心和支持，能幫助孩子建立自信，

減少被孤立的風險。此外，競爭過於激烈的環境，可能導致某些能力較不突出的孩子被邊緣化。

某個孩子成為班上不受歡迎的人，背後往往牽涉到錯綜複雜的因素，不是單一因素可以解釋的。若單一歸咎那些不受歡迎孩子的個人因素，或是單單指責班級同儕的不夠包容，甚至是批評老師的帶班風格等導致霸凌的發生，皆是過於簡化問題。

每個孩子的背後，都有著獨特的成長歷程，以及不同的家庭環境、價值觀與生活習慣等，需要以更涵容的視角、整體性的思考，才能更周全地理解與分析霸凌，以引導增進孩子的人際關係，能與同儕更和諧地相處。這些對孩子會有正向意義，可大大降低孩子遭受霸凌的風險。

長得醜、身心障礙者，會是遭受霸凌的原因嗎？

有許多人以為「身心障礙者」或「外表醜」等天生的、不可改變的特質，容易遭受霸凌，是完全無辜可憐且弱勢的一方。

在校園霸凌行為中，霸凌者與受凌者絕大多數都是同班同學，也就是說彼此有長時間相處的機會。因此，雖然「身高外形、青春痘、五官樣貌」等不可改變的因素，確實可能會造成第一印象觀感不佳，但正因為有機會長時間相處，可以去認識同學的內在、個性。這些不可改變的客觀因素的影響力就會逐漸變小，甚至沒有影響。

第四章

如果可以當個好同學，誰想要變成壞魔鬼

霸凌者，常被刻畫成無可救藥的惡魔，甚至就像為了霸凌同學才來上學一般。

然而，很多時候，班長、風紀股長等也可能以執行正義之名，而造成傷害。

霸凌者，就像射箭的人，會有一些鮮明的行動。因此，有幾種類型的孩子，因為言語或行為比較外顯，容易讓同學感受到壓力與不舒服，甚至是脅迫的感覺。

一、常見霸凌者的類型

1. 獅吼型霸凌者

E生是個高大、身高有一百九十公分的男學生，自信滿滿，常大聲發表自己的見解，無論是在課堂上還是朋友間的聊天，聲音總是最響亮。E生也常認為自己的想法才是對的，經常用一種命令的語氣去要求別人聽從他的意見。

同學都知道E生喜歡別人聽命於他的個性，但E生也有許多優點，能力很好且也負責，在班上還是有不少好朋友。

然而班上有個女學生S，個性內向，由於與E生是相鄰的座號，經常被分配到同一組。每當S生嘗試在小組討論中提出自己的見解時，總是被E生高聲打斷，甚至有時E生還會不滿地敲桌子或表現出其他威脅性的肢體語言。E生也多次當眾貶低S生，這些行為讓S生感到難過，甚至只要當天有與E生同組的課，就會藉故請假不來上學。

獅吼型的孩子常自以為是，對自己的想法很有自信，往往覺得自己的想法遠遠勝過其他人。因此，常會以較權威、命令的方式，要求別人聽話、順從。在行為上則做事明快，常常大聲說話，有時會讓人分不清楚是在說話還是在罵人。甚至連身體的動作也非常粗魯，如敲桌子、踢椅子等。

這類孩子很容易因為強勢，如果再加上經常針對某個較內向或順從的同學發號施令，會讓同學不敢表達而長期處於被貶抑的狀態。

2. 諷刺型霸凌者

F生是國三資優班的男學生，擅長以尖銳的用詞、諷刺的口吻與人說話，但他也非常幽默，是班上的領導核心人物。F生對另一位資優生T生內心有所不滿。兩人因同樣是資優生，常需一起跑班、做分組報告甚至是科學展覽等，得長時間相處。

T生不善於言辭，且做事會想東想西常會猶豫很久，讓F生感到極度不耐煩，經常以言語譏諷，如「我先去跑馬拉松，你慢慢想啊！」「你是不是在想自己紀念碑的碑文，想這麼久？」「你這速度，我猜烏龜都快無聊地死在你後面了。」有時因為內容很有創意，周圍的人也會跟著笑。

但T生卻笑不出來，個性比較拘謹的他，常覺得遭受言語的侮辱，但不善於言辭，只能自己悶在心裡。

諷刺型的孩子常會認為自己是優秀的，支配慾望也非常強烈，常會無禮批評並辛辣的諷刺，再加上不屑別人的眼神，被諷刺的同學會覺得自己一無是處，自信心降低，很容易落入言語霸凌的可能。

3. 批判型霸凌者

高一女學生Z生，是學校廣播社社長，經常可以在午飯時間聽到Z生悅耳的聲音，而Z生也以穩健、有禮和出色的學業表現，受到師生的讚賞。但Z生的另一面行為，卻是極具批判性，常毫不留情地指出同學的錯誤。

例如廣播社社員A生有幾次把廣播的稿子錯漏或排版沒有對齊，甚至是釘書機釘歪了，Z生會立刻指出缺點，讓A生感到非常尷尬和挫敗，覺得自己一無是處。

即使A生多次向Z生表示自己對於Z生的批評感到難過，但Z生堅持自己只是要求比較高，並沒有做錯什麼，並反過來怪罪是A生能力差，達不到標準，不能怪別人，甚至提出「受不了的話，就退社」。

批判型的孩子通常學業表現穩健且有禮貌，但是一旦有人犯了錯，就會立刻指出對方的錯誤，而且由於對方確實表現不好，被批評的人也無法否認，很容易陷入失望的深淵，覺得動輒得咎，而落入霸凌的可能。

4. 操弄型霸凌者

以A生為首，和B生、C生與D生是班上的「四人幫」，無論是上廁所、課堂換教室、分組等，四個人幾乎都會黏在一起。

但在學期中時發生了一件事，A生暗戀的某位體育班的男同學，竟然加了D生的社群。A生覺得D生搶走她暗戀的對象。

於是，A生藉著各種理由，減少邀約D生，只繼續和B生與C生當好朋友。漸漸地，D生落單，看著A生、B生及C生快樂地聊天，明顯感覺到自己是被排拒在外的「圈外人」，因而感到很孤獨。

而A生因活潑的個性及擔任康樂股長，憑借自己的影響力，散播D生是花痴等負面形象的傳言，讓D生感到非常無助。

有些孩子因為害怕失去關係，所以會想要擁有自己「穩定」的關係，而區分出「與自己友好的圈內人」及「跟自己不同掛的圈外人」。如果有自己不喜歡的人，也會透過關係的對立，讓對方沒有朋友，來達到報復的目的。這樣就很容易落入所謂的孤立、排擠等關係霸凌。

5. 洩憤型霸凌者

R生就讀國三，個性豪爽，為人大方，對同學也講義氣，雖然大家都知道R生情緒起伏大，但在班上還是有幾個好朋友。

而R生很不喜歡V生，V生平時上課很愛講話與老師唱反調，也很愛捉弄同學，有一次還故意拿走R生的鉛筆盒。另有一次則是從門後跑出來嚇同學，而當時就是R生被嚇到。班上很多同學也很不喜歡V生，會向老師抱怨，但V生就是屢勸不聽，還是一樣做些讓同學生氣的事。

脾氣火爆的R生，根本不想要容忍V生，不僅平常對V生都大小聲，也常會以「閃開」、「礙眼」等言語對待V生。有一次V生不小心弄翻R生的奶茶，R生甚至直接推倒V生。在開班會時，V生又講了一些不相關的事，同學也出聲令V生安靜；R生則直接走過去V生的位置，大聲拍桌子，命令其「再不閉嘴，就揍下去」。

最後，甚至爆發R生找了幾位好朋友，直接到學校頂樓，威嚇V生下跪，用嘴巴咬著粉筆，自打巴掌的事件。

有些孩子就像是裝了炸藥一般，很想找人發洩，常情緒高漲，以攻擊或傷害他人方式處理問題。這有可能是源自家庭教育，如從小接受嚴苛的打罵教育，因而也靠攻擊來解決問題；也許是因生理因素，造成難以控制情緒；又或者是源於想透過欺負弱小，以爭取自己在團體中的認同感。

二、霸凌者就是情緒失控的惡霸，發洩情緒在弱小身上？

在各種霸凌者的類型當中，「洩憤型霸凌者」是最多人所想像的霸凌者的樣子，甚至以為是孩子的情緒控管不好，才會導致霸凌行為的發生。好像以為如果有做好情緒教育，霸凌就不會發生。認為霸凌事件全因「霸凌者想洩憤才引發」，這其實是過度簡化了霸凌的發生。

其實，如果只有「洩憤型霸凌者」單一角色的存在，是很難構成「長期嚴重」的霸凌事件。因為洩憤型所表現出各種踢打同學、弄翻桌椅等攻擊或傷害行為，一般同學只要被欺負就會報告老師或告知家人，或找好朋友出面相挺。

因此，當新聞報導發生多起圍毆、逼下跪、脅迫偷錢等各種令人氣憤的情節時，或許可進一步思考一些問題：

- 被霸凌的孩子為何不跟家人說？或是家人知情，怎麼處理？
- 被霸凌的孩子為何不跟老師說？或是老師知情，怎麼處理？
- 又或者同學是否知情，或是知情為何默不作聲？
- 被霸凌的孩子為何是他／她？原因是什麼？是隨機挑選的？或是有某些因素，讓他／她成為受凌者？

另外也可以思考：

- 霸凌者的行為，是單純為了洩憤嗎？每個人都會遇到不如意、心中氣憤難抑的時候，為何霸凌者會採取這些方式洩憤？
- 霸凌者在欺負同學時，常會帶離校園或是學校的角落，這表示霸凌者明白「欺負」行為是不能被老師發現、是違反校規的。但為何不怕圍觀的同學洩密？霸凌者和這些圍觀的同學相處是什麼樣的情形？

- 霸凌同學的影片經常被上傳，惡行被揭發後甚至遭受校方及檢警的處理，何以「把壞事召告天下」的事一再發生？為何「不偷偷做就好」？這些嚴重且明顯侵犯人權甚及危及人身安全的霸凌，背後往往不是單一因素造成，常牽涉到相當複雜的因素。

三、霸凌，其實沒有想像中那麼清晰可辨

有時看新聞播報霸凌或電影裡的霸凌情節，就好像學生是在攝影棚錄影一般，大家都看得見、看得清楚。然而，以下這些算不算霸凌呢？

M生因為看不慣B生常缺交作業，加上衛生習慣不佳，還會經常性地干擾上課，身為班長的M生，決定聯合衛生股長及風紀股長，特別「盯著B生」。於是衛生股長每節下課都會特別去看B生有沒有把垃圾扔掉、打掃工作是否有

確實做好；風紀股長特別注意B生的行為，有任何干擾就記叉，每堂課B生幾乎都被記五、六個叉；班長則是對B生的口氣特別嚴厲，常指責、批評B生缺交作業或考試成績差，拉低全班平均分數。

B生因為被班長、風紀股長及衛生股長聯合「盯哨與監督」，常覺得自己動輒得咎，動不動就會被批評，學校生活過得戰戰兢兢。B生的上課干擾行為確實減少了，打掃工作也有比較確實，但也因心理壓力過大、覺得同學都針對他，心理感到不舒服也覺得害怕，甚至不想去上學。

以上這些情形在校園經常發生，不一定是班長、衛生股長或風紀股長聯合起來「針對某人」，更可能發生的是全班針對某個很多事做不好、又死不認錯，甚至也經常不合群、自私自利、干擾上課的同學，出現「全班公幹」的情形。這會使得被全班公幹的同學心生恐懼，甚至發生「懼學」、「拒學」的情況。

但如果是「為他好」或「為全班同學好」，那麼「對他做了什麼」這樣算不算霸凌？班長及其他同學的行為，確實已讓B生的學校生活受到影響，甚至拒學，這樣應被視作「遭受霸凌」？或是同學間的管教失當？或以管教之名，是否就不是霸凌？「為同學好而糾正同學」的意圖，是否就不構成霸凌？以上都是霸凌的難題，卻是校園真實的生活樣貌。

四、「霸凌者」相對於其他同學表現得「更過分」

全班都討厭A生，所以，分組時大家都盡量避免與A生同組，「偷偷地、低調地、不被老師發現地」表達對A生的不滿。但是，Z生不僅只是避開與A生同組，只要A生走過來，Z生還會誇張地繞道，就好像他是病毒一般，甚至會帶頭說A生做的蠢事，讓他成為全班的笑話。通常，Z生特別不友善的行為，會被認為是「霸凌者」。

但是假設Z生是另一個班級的學生，全班同學都公然討厭A生，不僅不想跟A生同組，也會誇張地閃躲A生，大家都把A生當成笑話。那麼此時的Z生，只是在做其他同學都一樣在做的事，因此就可能不會被認為是「霸凌者」。

若此時，班上另一位同學M生，不僅閃躲A生、說A生壞話，還會趁A生不在教室時，去踹A生的桌子、弄翻A生的東西，甚至把A生的考卷踩在地上，則M生就成了「霸凌者」，而此時的Z生，就只算是「旁觀者」。

由上述可知，霸凌者有時並不是指「他做了什麼行為」，而是相對於其他同學，霸凌者表現得更過分，做出更多不友善與欺侮同學的行為。

因此，在「魔鬼與天使」的擂台上，其實不單單是兩個人的事，在旁「伴舞」、「拍手叫好」、「敲鑼打鼓」的全都是「霸凌舞台」的一部分，甚至決定了「誰是舞台上的主角」。

處。

五、霸凌者與受凌者的相似與不同

霸凌者和受凌者，表面上像是對立且截然不同的角色，但其實亦有相似之處。

◎相似之處

1.皆為班上的少數且受到公認

無論是霸凌者或受凌者，在班上都是「少數者」，而且是「明顯的角色」。也就是說，大家都會知道誰是班上那個分組會落單、不會有人想跟他同一組、不受人歡迎甚至是被排擠的受凌者；同樣地，大家也會知道某人特別不喜歡某人，還會刻意辱罵他、貶損他，或做出口語上、肢體上等各種負面行為。

2.個性特質鮮明

霸凌者與受凌者的個性都是鮮明的，如「特別火爆」、「極端不識相」、「非常愛哭」、「總是愛狡辯」等，都有鮮明的一些特質，使其在與同儕互動上產生各種磨擦與衝突。

3.受環境影響

霸凌者與受凌者的行為和經歷都深受周圍環境的影響，包括成長背景、父母教養、班級氣氛、同儕組成等，塑造出其行為模式和與人互動相處的方式。

◎不同之處

1. 保有班級地位的條件不同

霸凌者通常會有一些優點，如幽默感、學業好、體育強或社交技巧好，讓其仍能保有一定的班級地位。即使其或有心或無意地以各種負向方式去對待受凌者，也不至落入被批評或被檢舉。

相對地，受凌者所表現出來的性格或是行為，常有激怒性、讓人想遠離或是令人討厭，成為班級中不受歡迎的人，也讓自己的班級地位處於低下。

2. 行為的針對性不同

霸凌者的行為，常是故意並針對某個同學，採取各種負向對待，讓受凌者感受到難過與痛楚，行為本身有侵略性。

相對於霸凌者，受凌者本身的激怒行為常是沒有特定的對象，可能是到處捉弄同學、上課不斷干擾或死不認錯等，而惹怒很多同學。但大多數是基於想交朋友、避責等自我保護心理，並不是特別想針對誰。

3. 權力和控制的感受不同

霸凌者通常可能來自於身體的強大、社交地位高人一等，或是心理上的操控能力，其行為多會有主導性與掌控性，例如下課時可以去找受凌者的麻煩，也可以和好朋友去打球。

相反地，受凌者往往是在被動的情形下，難以控制自己遭受霸凌，例如分組時會落入落單的窘境，想躲也躲不掉。

然而，有時也有可能一個人同時具有霸凌者與受凌者的角色，尤其常出現在班上同時有兩位以上同學不受歡迎的情形。例如A生和B生都是人緣不好的孩子，班上同學在分組時都盡量不跟他們同組，但B生非常膽小，是打不還手、罵不還口的類型，此時A生就有可能會去欺負B生，反正都不會有同學相挺。

第五章

沒有完全無關的旁觀者

在校園霸凌中，不存在真正意義上的旁觀者。

在每一次轉身、每一次低頭，或沉默無聲中，都是參與了一場又一場的共謀，最終成了壓在受凌者身上沉重的重量。

然而，每一次的轉身與低頭，或許也是旁觀者心底最深的無奈，就像受凌者一般。

旁觀者是指知道霸凌正在發生，但不是霸凌者也不是受凌者的人。旁觀學生往往是占全班人數最多的人。

一、常見旁觀者的類型

1. 起鬨型旁觀者

起鬨型旁觀者通常會依附霸凌者，在旁搧風點火，助長霸凌者的氣勢。這類旁觀者，並不像霸凌者敢做出不友善行為，但一旦霸凌者出現不友善行為，就會在旁拍手叫好，甚至也會隨之出現不友善行為，只是頻率或嚴重程度不及霸凌者。

2. 害怕型旁觀者

害怕型旁觀者本身可能也是班上比較邊緣的人，雖然看不慣霸凌行為，內心也很想幫助受凌者，但是害怕如果去阻止霸凌者，自己會成為下一個被霸凌的人；而且擔心如果去檢舉，會被同學當作抓耙子，所以處在自責、內疚及害怕的情緒中。甚至會為了讓自己不要內心交戰，而開始啟動防衛心理：自己是與受凌者不同的人，讓自己不會一直處於害怕自己是下一個受害者的痛苦情節。

3. 冷漠型旁觀者

冷漠型旁觀者並不會明目張膽依附霸凌者，也不會在看到霸凌行為時出現叫喝、拍掌等明顯認同霸凌者的行為。但也不會有阻止霸凌的行為，不會出聲勸告，也不會私下報告老師。

二、隱忍很久了，有人替自己出氣真好？

有個故事是這樣的：

在行駛中的捷運車上，有三個年幼的孩子在走道上跑來跑去，不僅孩子有跌倒碰撞的危險，也對捷運上的其他乘客造成困擾，但一旁的父親卻完全不加管教。於是，有位婦人忍不住直接指責那位父親不負責任，沒有照顧好年幼的孩子，只是自顧自地坐在一旁。

結果，本來低頭的父親，抬起頭並帶著溼潤發紅的眼睛，說著：「真的很抱歉，孩子才剛失去母親，我太太剛才在醫院過世，我要帶孩子回家準備一些東西……。」話一出口，婦人就說：「那你好好休息，我來幫忙照顧孩子。」

正如故事中怠於管教的父親一般，受凌者本身可能具備一些令人生氣、不受人歡迎的特質或行為，這些特質或行為不只讓霸凌者反感，而做出負向甚至可惡、欺負的行為，其實也讓很多同學不開心甚至氣憤，尤其當這些行為有激怒性質時，如「捷運上這位貌似不負責任的父親」，因「放任孩子不加管教」的行為，而遭受不明白背後緣由的旁人的指責。

同樣地，受凌者也可能會因衛生不良、社交技巧低落等，而遭受同學的反感，甚至有激怒惹毛同學的舉動，只是大多數的同學選擇隱忍不發，就像上

述故事中車上的其他乘客。直到那位婦人出來指責孩子的父親，就像霸凌者出面。因此對其他同學來說，有時霸凌者並不是隨意欺負別人，而是替大家制裁討厭的人。此時，自然不會有人出面相挺受凌者。

需要特別注意的是，受凌者各種令人反感的行為，背後往往也不單單是受凌者個人問題，也可能是父母教養、家庭狀況或其他各種可能的背景因素所致。就如同那位「妻子才剛去逝的先生，真的無心力去管教孩子」一般，但在大部分情形下，很難去透析「每個行為背後的複雜原因」，多會以「怪罪個人」來理解，導致產生各種錯怪、衝突。

三、受凌者很害怕，旁觀者也一樣

個人的行為被情境的力量所主宰的情形，在大人的世界也時有所聞。社區曾經發生過一件事，讓我印象非常深刻：

有一年中秋節的晚上，我走出社區大樓去買東西，正好看見社區門前的街道約有四、五個人拿著球棒、戴著安全帽在毆打一名男子，宛如電影的情節。當時，我很害怕「有人會被打死」，於是跑進警衛室，那時正值交接，兩名警衛都在管理室，我直呼著：「怎麼不趕快去救他，他會被打死。」只見警衛先生回應：「我現在去阻止他，我也會被打死。」而同時另一名警衛已撥打電話給警察了。當時我心裡驚覺到「我其實也不敢做什麼，我也很害怕被打死」，只是我以為

「警衛先生應有神力可以出面阻止」。但事後想想，警衛先生其實沒有這種神力也沒有公權力，當下確實無力阻止。

後來，警察很快就到達現場，打人者一哄而散，救護車也立即搭救那位被毆打的男子。

如果連大人的世界都以自保為優先考量，孩子的世界又何嘗不是呢？當旁觀者目睹霸凌時，無論是基於害怕或是有人代為出氣等背景因素，其實就很像身處於「洪流」之中，也會很怕「自己沒有朋友」、「自己遭受霸凌」，只想保命、保住自己的人際關係而已。就跟那年中秋節的夜晚，警衛先生想要保命一樣。

四、情境的力量往往大於個人的力量

霸凌不是只有「一個霸凌者」對「一個受凌者」的小事，也不是是非分明般的對錯問題。它更多時候是灰色的、模糊的，激怒與霸凌交雜著，有時候更像蛋生雞、雞生蛋的問題。此外，也牽涉到班級人緣甚至背後的人脈、誰與誰同一掛等，絕不是單純「我像個正義哥、正義姐般跳出來阻止某人，然後大家都會感激我、給我拍拍手」。霸凌現場，誰也沒有能力是那個「蜘蛛人」。

處理霸凌事件，需要有「整體班級」的概念。情境的力量往往大於個人的力量，期待孩子要能「不在乎同學的眼光」與受凌學生相處，就像「全世界最遙遠的距離」，多數旁觀同學所表現出來「缺乏正義」的冷漠表現，其實有時是不能而非不為！

試著假想一個情境，在工作場所中，有某位同事人緣不好，雖然你與他因為平時互動少，也不會特別討厭他，只是也不會特別喜歡他。在某次全體員工自由入座的會場上，若這個人緣不好的同事旁邊有空位，而另一位雖然不太熟但人緣尚可的同事旁邊也有空位，你會選擇哪一個？你的選擇，也正是旁觀學生的選擇。

第六章

父母可以這樣做

都是那個人欺負我小孩！
其實，可能是父母養出了受凌者

或許，過度細心的照顧下，無意識種下了脆弱的種子。

或許，滿懷耐心的養育中，無意卻限制了孩子理解彼此、融入群體的視野。

或許，在愛的名義下，渴望孩子遠離傷害，卻也可能剝奪同儕共融的機會。

父母的教養方式對孩子的性格和社會行為有著深遠的影響，可能無意中養成了孩子的受凌者特質。

一、四種類型父母，可能養出受凌者

1.高壓嚴厲的父母，孩子會畏懼退縮，讓人感覺好欺負

高壓嚴厲型父母，多半會要求孩子照著自己的意見去學習與生活，甚至當孩子出現無法照著父母意見而有不適當表現時，可能施加斥責甚至鞭打。即便未對孩子斥責或鞭打，教養也多以「言語恐嚇」的方式，例如「你如果沒有……，就……」，或挑釁的言語，例如「如果你敢……，我就……」。這樣的管教，可能對孩子施加過多的規則和限制，阻礙孩子的自我表達能力，孩子容易表現出害怕、緊張、自信心低落、習慣聽命行事、過度順從甚至遇到問題便退縮，因此容易成為被同儕「看不起」、「好欺負」的對象。

◎翻轉教育
幫助孩子成為越來越好的自己，而不是越來越害怕父母的孩子

高壓嚴厲的父母常會提到，「如果孩子能做對，我就不會打孩子」，就好像恐嚇打罵孩子都是被迫的。

然而如果進一步細想，「父母是否有做了些什麼，去幫助孩子做對的行為？」雖然父母想以高壓方式停止孩子犯錯，但孩子需要的是「從犯錯到做對」的方法，肉體的痛其實不能幫助孩子改善行為。

從「犯了什麼錯」轉為「如何改進」，或許更能幫助孩子成長。

◆孩子，我原諒你了

「原諒」讓孩子能「專注面對自己的錯誤」，而不是「專注在避免懲罰」。這麼做也可避免教養出避罰、死不認錯的孩子。

◆讓孩子把整件事以自己的話表達說明

大人對事情的解讀，不一定是從孩子立場的解讀。讓孩子有機會好好再說一次事發情形，可以看見孩子的觀點、迷思甚至是大人的誤解。

◆如果事情重新再來一次，你會怎麼做？

孩子犯的錯，常常會重複發生，尤其會在某些特定情境下重複發生。可以問孩子，明天如果在一樣的情境，你會如何避免發生這樣的錯誤？試著和孩子一起討論更好且孩子做得到的方法，而不是用「父母自以為對的方法」。

◆追蹤孩子行為改進的情形

類似的情境，留意孩子是否有依照新的方式去應對。例如同學的行為會激怒他，孩子之前選擇反激回去甚至打架，後來改成選擇遠離該同學以避開衝突情境。

◆鼓勵或是找新方法

如果孩子以新的方式回應情境，且得到很好的效果，請大大鼓勵孩子。如果孩子沒有辦法依本來預定的方式回應，就再討論其他更適合孩子的方式。

心法：如果九十九個方法沒有效，一定還有第一百個方法

教育學家赫伯特．史賓賽曾說：「教育是讓孩子成為快樂自信的人，教育的手段和方法也應該是快樂的。就像一根吸管，這一端吸進去如果是苦澀的汁水，另一端流出來的絕不會是甘甜的蜜汁。」

善待孩子，孩子就能在犯錯中專注改進行為，隨著孩子的成長，幫助孩子成為越來越好的自己，而不是越來越害怕父母的孩子。

2.冷漠忽略的父母，會讓孩子像小丑般，愚弄自己以吸引同學

冷漠忽略型父母，有些是覺得應該讓孩子自己處理自己的事，便「放手不管」。有些則是親子關係疏離，除了例行性的生活事物，很少和孩子有溫情的交流。這一類孩子，如果本性活潑，會積極從同儕友情中滿足自己渴望被關愛與受注意的需求；但若孩子本身社交能力低落，便可能有「胡亂插嘴」、「裝熟」、「裝可愛」等讓人覺得白目甚至討人厭的行為，這些都可能讓孩子成為班上不受歡迎的人物。一旦不受歡迎便容易陷入沒有朋友、被孤立與排擠的情況。

◎翻轉教育
「安全感」是孩子免於遭受霸凌的真正力量

若一個人有足夠的安全感，可以享受獨處，不需過度渴望得到別人認同，也不必貶抑自己以獲得友情。有足夠的力量愛自己，可以安然自在地與人相處，甚至因而吸引別人，讓人主動連結自己。畢竟，沒有人想當別人「救命的浮木」，這樣的互動對青少年來說過於沉重。

因此，可以藉由下列方式提高孩子的安全感：

◆規律的環境

建立規律且可預測的日常生活節奏，有助於提升秩序感與安全感。

視。

◆**傾聽和回應**

當孩子表達自己的時候，給予注意力和適當的回應，讓孩子感覺受到重視。

◆**精心時刻**

邀請孩子一起共度一對一的精心時刻，陪伴孩子從事感興趣的活動，讓孩子知道自己是被珍惜的，提高自己的價值感。

3. 本身不愛與人互動，幾乎無社交的父母，會養出低社交能力的孩子

社交不利型父母，本身可能就不喜歡與人互動，也可能本身的社交技巧低落，甚至有些父母會要求孩子「只要好好讀書，其他交朋友的事長大以後再說」。如此一來，孩子也少有機會與家人以外的其他人互動，缺乏與人交流的機會。因此，當孩子進到班上時，可能表現出過度安靜、不善於言語，或表現出不識相、缺少合群等言語或行為，難以融入團體生活。這些也容易造成孩子團體生活中與人互動交流上的困難。

◎翻轉教育
「興趣引路」，以共享的熱情促進交流

除了學校，支持孩子參與感興趣的活動，無論是藝術、運動，或是各種時令活動，如音樂祭、動漫展等，讓孩子在興趣熱情的基礎上，能找到同好並建立關係，進而提高社交技巧。

4.過度溺愛孩子，自私自利、自我中心的孩子不會有好人緣

隨著少子化，家中獨生子女的情形也越益普遍，孩子是被父母捧在手心長大的「小王子」、「小公主」，對待孩子也可能任其予取予求。但學校畢竟不是宮殿城堡，老師和同學也不是服侍的僕人，學校有的是更多「分享」、「包容」等學習課題。

在這樣的情形下，被家長過度呵護或溺愛的孩子，容易表現出「自以為是」或「自我中心」的行為，常成為同學口中的「大小姐」或「皇帝」。如此管教方式下的孩子，也可能讓孩子遭受同儕的孤立與排擠，畢竟沒有人想當別人的「奴僕」被人使喚。

◎翻轉教育
透過「虛擬手足」，促進融入群體生活

針對自我中心的孩子，可以長期參加友伴團體，如教會團契、童軍團、球隊或合唱團等，透過長期的團體活動，能在團體中學習等待、輪流、考慮別人、協同合作，甚至面對衝突能有化解的能力。這樣長期的友伴團體，比起個人的才藝（如小提琴）或「點水式的體驗活動」（如觀光工廠一日體驗）等，更有助於幫助孩子融入群體生活，也能在日常互動中鍛煉和提高社交能力。

二、「衛生」與「界線」：人際大地雷

教室，就是個三十平方公尺大的空間，裡面擺放數十張桌子、椅子，大家相處一整天，所有的行為都是透明公開的，不會因為「自己的個人衛生，不關別人的事」就沒有關係。因此，個人衛生也是公共衛生的一部分，還牽涉到別人的感受與好惡。而「界線」，則是每個人都有屬於自己的安全領域，一旦被人過度入侵領域，會直覺視對方為入侵者，自然不會喜歡對方。「衛生」與「界線」常是孩子不受人歡迎的主要原因。

1. 衛生問題，清潔感低

A生會用手指挖鼻屎並吃掉。而且一到學校，就會把襪子脫掉，甚至用手摳腳板。A生的爸爸某次到校晤談時說：「其實這些行為也沒有什麼，在家裡我也會這樣做。」

但重點是，爸爸是在家裡有這些行為，但兒子則是在學校。

常見的衛生問題：

- 用手指挖鼻孔沒有洗手，就直接用手拿考卷，傳給同學。
- 內褲太小夾進股溝，伸手進褲子抓內褲，沒有洗手就直接發聯絡簿。
- 嘴巴有口臭，一開口就臭氣燻人，讓人避而遠之。
- 頭皮屑滿天飛，中午打菜時，看著同學頭皮屑一片片往菜桶掉，誰還吃得下飯？

- 體味很重，散發一股死魚的味道，很難讓人想靠近。
- 制服髒汙。大部分的校服都是淺色的，一塊塊的黃漬、油漬或墨水，十分明顯。
- 頭髮油膩有臭味，很多同學並沒有天天洗頭髮，但學校有體育課，如果再加上青春期的油脂分泌比較旺盛，頭髮就容易黏膩，讓人覺得噁心。
- 抽屜塞滿垃圾，甚至掉到走道。遇過不少孩子，會把早餐的袋子、杯子甚至吃剩的漢堡等都一股腦兒地往抽屜塞，甚至吸引小蟑螂出沒，這如何讓同學忍受？

◎翻轉教育

孩子是看父母做什麼長大的，而不是聽父母說什麼長大的

孩子的衛生習慣，往往與家庭有高度相關。有幾點或可思考以提升孩子的衛生。

◆有愛乾淨的父母，才會有愛乾淨的孩子

家庭是孕育孩子的搖籃，孩子自出生起，所有的身體衛生就與家庭息息相關。而衛生習慣的養成是「有樣學樣」，也因此，當發現孩子的衛生習慣不佳且嚴重影響其人際關係，父母或許可先檢視孩子的不當衛生習慣，是不是也同樣發生在自己身上？以與孩子共同檢討，並約定一起改進。有父母同行，孩子比較能查驗自己的行為，也比較能有效的改進。

◆檢視孩子保持衛生的心力

很多時候，也會發現明明父母很愛乾淨甚至有潔癖，但孩子本身只要離開家裡，衛生就一團亂。這部分常常是因為孩子沒有心力保持衛生，尤其是花大量的心力在補習的孩子。試想一下，孩子要如何從補習班習得保持衛生甚至梳理自己的習慣呢？如果再加上愛整潔乾淨的父母都已經幫孩子處理衛生清潔，孩子自然很難學會保持整潔。衛生清潔能力不僅是生活的基本技能，也與自我的責任息息相關，更是孩子成長過程中重要的學習。因此，檢視並適度調整孩子的作息，有助於提高孩子保持衛生的習慣。

◆必要的抛棄與花費

很多校服都是淺色系，加上穿的頻率高，很容易髒汙。如果真的有難以清洗的髒汙甚至是油漬，或許可重新購買。雖然校服不是便服，樣式少也未必美麗，但畢竟孩子穿校服時間很多，多買一些替換，能讓孩子有乾淨無汙漬的衣服穿，為外表衛生大大加分。

◆尋求醫療資源

無論是口臭、體味或頭髮出油等，青少年因荷爾蒙分泌旺盛或活動力比較大，可能產生令人不舒服的味道或油膩。必要時，帶孩子就醫，配合適當的藥物或洗髮劑等，常能有很大的改善效果。

2.你超線了：永遠都要尊重別人的身體與物品

每個人都會有身體界線，如果旁人過度靠近，即使沒有什麼不好的企圖，但總是會感受到威脅，進而就會出現想要防禦、攻擊或逃跑的反應。因此，越界是無法建立良好的連結與關係的。

◆身體界線

身體界線指的是每個人能夠忍受別人碰觸的限度。身體界線會因為對象、時間、年齡、性別的不同，而有所不同或改變，但大致上仍會有個「差不多讓大多數人感到舒服、可互動又不感到被侵犯的距離」，差不多就是可以用正常音量講話的距離。

但如果只是一般的同學或是認識的人，若常試圖以類似講悄悄話貼耳的距離去接近，就會讓人感到很不舒服。以身體來說，有些人的互動方式過度熱切，如從後面「熊抱」別人，甚至有些男生會以生殖器的部位從後面頂撞別人，即使只是開玩笑，都是「超線」的行為。

◆心理界線

心理界線與身體界線一樣，指心理上能夠接受的極限。如果別人與自己的互動過度親密或過度干涉，就會產生一種被勉強、逼迫的感覺，而感到不舒服。

在青少年之間，常見的是「有人很熱情地拚命對別人好，尤其是為朋友兩肋插刀」，但是「這些付出與熱情是對方不需要甚至不喜歡的」，反而讓對方感到過度黏膩或受壓迫，自然會覺得「很煩」、「很討厭」，因而想躲避。

交朋友是由淺而深，尤其一開始彼此還不太熟時，應保持「一般同學」的距離，等到慢慢因個性契合或談話投機，漸漸進到「朋友」甚至「閨蜜」，彼此才能「接受對方的熱情」，不然，「過度熱情」反而會像「人際之間無形的火」，熱得讓人想躲得遠遠的，反而交不到朋友。

◆ 財物界線

在學校裡，同學經常需相處八、九個小時，期間可能會有許多時候缺東缺西。美術課時，紅色的彩色筆沒有水了；上完體育課，口很渴忘了帶水壺；寫錯字時，手邊一時沒有立可白。

然後，隨便說一句「借我一下」，還沒有等到對方回覆，就拿走同學的東西，甚至有時不說一聲就拿走。「反正我們是同學，用一下有什麼關係？而且我用完就還回去了啊；下次他也可以拿我的啊，有什麼關係？」

一次或兩次偶發的行為，或許同學還可以忍受，但是有些人卻是習慣性、經常性地沒有帶齊學校需要的文具，加上動不動就拿同學的東西去用，好像「你的東西就是我的東西」一般，這種看起來「只是用一下有什麼關係的小事」，常會讓人感覺到不被尊重。

◎翻轉教育

從「不知拿捏尺度」到「勇於立下界線」

◆正面看待孩子的超線行為

首先，面對孩子「超線」的行為，應避免指責。「超線」是因為孩子還未能掌握到「隱形界線」，需要歲月及生活經驗的累積。

◆超線正是「學習界線的好時機」

界線很難刻意在某個時空進行教學，因為「與人在一起就有界線」是時時刻刻發生在生活之中的。因此，當覺察到孩子「超線」的時候，就是教導的時機。

◆先同理分析再教導

在教導過程中先同理孩子的需要，可能是想和對方當朋友，但身體過於靠近引人反感；又或者表現過於熱情引發對方想逃躲。先分析孩子超線的原因，並引導如何在合理的界線下滿足需要，如保持適當說話的距離，或是尊重他人的獨處空間，避免過度黏膩。

只要父母能適時適度的引導，孩子就能逐漸學會「拿捏尺度」。

三、人際功力更上一層樓，不再被霸凌，更有好人緣

良好的人際關係對青少年成長特別重要，而提升人際關係，不僅有助於擺脫被霸凌的困境，還能有好人緣，讓孩子在友情中成長。而「笑」、「傾聽」及「好好道歉」是人際互動最美的語言與最有效的溝通。

1. 微笑，比想像中更重要

行動常比語言更能吸引人，尤其是「給同學一個真誠的笑容」，同學會感受到被看見、被接

納、被重視、被喜歡。而人通常會喜歡「喜歡自己的人」！

相反地，如果我們看見有人每次都對自己「擺臭臉」，就會覺得「對方可能討厭我」，那我們也會傾向討厭「討厭自己的人」，這是「自我保護」的機制。因為「對方討厭我，可能會做出不利於我的事，所以我要遠離對方」，因此，就很難有好的人際關係。

上頁圖是兩對雙胞胎，你會發現有沒有笑容，給人的感覺是差很多的。有句俗諺，「當你微笑，世界就愛你了」，有沒有笑容帶給人的感受很不同。

上天賜予的生存福利

笑也有生理依處，可以為身體帶來一種舒適感，活躍身心，使全身產生一種「快樂的震動」，軀體和橫隔膜的活動加快肺部的吸氣與呼氣，血液獲得了更多的氧，血液循環效率提高，於是就產生了振奮精神的效果。這是上天賜予的生存福利

2.聽比說，更能維持人際關係

現代社會是個鼓勵「說」的時代，好像「說」就是有想法甚至是領導力的展現。但其實好好「聽」，在人際關係上超乎想像的重要。

當對方有好好聽自己講話，會感受到對方在意自己、關心自己；相反地，如果對方一邊滑手機一邊嘴上哼哼啊啊，就會感覺自己被敷衍、不被看重，關係自然不會好。

◎好好聆聽小祕訣

◆第1招：不打斷

在談話時最惹人厭的行為，「被打斷」絕對在黑名單榜上有名。聆聽最重要的技巧之一，就是「不打斷對方講話」。講話時被打斷，會讓講話者覺得「我講的話沒有意義，不值得聽」，因而感覺「自己是個講話沒有內涵、沒有價值的人」。經歷這種感覺的人，自然不會想跟「打斷自己講話的人」好好相處。

◆第2招：表達感興趣

透過肢體語言，表達自己對對方的話題感興趣。如眼睛專注看著對方、不要同時滑手機，甚至身體微微前傾、嘴角帶著微笑，或發出「嗯嗯」聲表示認同或有聽到對方講的話。這些其實都不是對「對方講話內容」的同意與否，而是表達「對對方的尊重並想與其連結」的友好態度。

希臘哲人戴奧真尼斯有段很有哲理的話：「上天之所以給予人兩個耳朵和一張嘴，乃是要求人們多聽少說之故。」

3. 好好道歉，不只是品格，也是能力

學生在學校，一天有八、九個小時跟同學相處，一定會發生自己不小心侵犯到別人的界線，甚至是無心的言語也可能造成傷害。但是只要好好道歉，這些就只是生活中的一個小插曲。如果不能好好道歉，這些生活中的小插曲往往就會變成大災難。

加里．查普曼（Gary Chapman）和珍妮弗．托馬斯（Jennifer Thomas）著有《道歉的五種語言》，指出只要能好好道歉，就能平撫對方受傷的感受，進而化解僵局、修補關係。

◆ 表達悔意

「我沒能好好處理，我覺得好糟，我很抱歉。」承認自己做錯事、傷害了

對方，內心充滿懊悔。

◆ 承擔責任

「我很抱歉我做了那件事，我不該有任何藉口。」不帶任何理由的道歉語言，能凸顯個人對責任感的重視，對方有時也難以苛責。

◆ 真心反省

「我真的對那件事很抱歉，下次我會採取另一種方式，以免再發生。」除了擔起所有職責，道歉語言還包含兩個承諾：未來不會發生、以後會做得更好，展現道歉者想改變的決心。

◆ 如何彌補錯誤

「我很抱歉做了那件事，我告訴你我會如何彌補你。」道歉的話語，加上明確的彌補方式，能凸顯道歉的真誠和積極。

◆請求原諒

「我很抱歉我做錯事，希望你原諒我，我能理解你需要時間。」比起被原諒，請求原諒要容易太多。你可以要求被寬恕，但受傷的一方有權利說不。與其給對方壓力，不如讓他知道你願意等待。

內心強大，才能道歉；但必須更強大，才能寬恕。——宮崎駿

父母不認錯，孩子會有樣學樣

花瓶打破了，媽媽責怪孩子，甚至賞了孩子一巴掌。後來，才發現是爺爺出門時背包不小心弄倒花瓶。但媽媽卻又反過來責怪孩子，都是因為你平常調皮搗蛋才害我錯怪了你。

大人也會犯錯，會有錯怪孩子的時候，但並不代表大人就可以寬恕自己，不在乎孩子所受的委屈。如果大人犯錯，不願意好好道歉，甚至把「大人的錯」轉為是「孩子的錯」才「害自己犯錯」，這樣「死不認錯」的教養方式，不但會影響孩子對父母的想法，更會讓孩子養成「即使是自己做錯事，也會死不認錯，全力避責，甚至用力甩鍋」。這種「硬拗、不認錯、甩鍋」的孩子，很難讓人喜歡，大多數人緣都很差。

有句話說，「人們往往勇於在大眾面前堅持真理，但往往缺乏勇氣在大眾面前承認錯誤。」

勇於說出「孩子，對不起，是我錯怪了你」，會教養出「更能負責、謙卑，甚至更寬容的孩子」。畢竟，每個人都有需要向人道歉的時候，也永遠都有需要寬恕別人的時候。

孩子是看父母做什麼長大的，不是聽父母說什麼長大的。但有些父母一旦犯錯，往往會找出一百個理由來掩飾自己的錯誤，以為承認錯誤就是傷了自尊。請記得，孩子是看你做什麼而學習的。

第七章

父母可以這樣做

沒有父母刻意教出霸凌者，但這樣教可能養出霸凌者

沒有父母會刻意教養出霸凌者。然而，教養的路徑複雜且未知。在嘗試引導孩子成長的過程中，有時候，最好的意圖也可能帶來不如預期的結果。

或許，在愛的名義下，教導孩子堅強、勇敢、自立的背後，忽略了如何溫柔地感受世界、理解他人。

或許，期望孩子成龍成鳳的過程中，無意間流露出競爭高於合作、成就大於情感的教導，悄悄地鑄造了一把霸凌的鐵鎚，成了孩子手中攻擊同儕的武器。

有句話說「從孩子身上看到自己的模樣」，父母是孩子生命中的第一位老師。因此父母與孩子的互動，無論是待人的態度、做事的方法或講話的語氣等，都一點一滴影響著孩子。

一、四種類型父母，可能養出霸凌者

1. 攻擊恐嚇型：父母打罵孩子，孩子打罵同學

攻擊恐嚇型父母，當孩子表現不如預期時，可能會以反諷、貶損、責備甚至處罰等方式對待孩子，少以饒恕或慈愛的方式對待孩子。如此教育出來的孩子，當遇到表現「不順其心意」或「能力低落不如預期」的同儕，可能也會仿效大人以反諷、貶損等口語攻擊，甚至是肢體毆打等更嚴重的霸凌行為。

◎翻轉教育

從「大人的戒尺」到「孩子心中有一把尺」

孩子犯錯，大人時而感到力不從心、勃然大怒、發飆斥責甚至痛扁孩子，

幾乎可說是本能。然後，一陣親子衝突之後，回到父母自己身上的可能是罪惡感、無助感，甚至後悔為何要當父母？

用高強度諸如攻擊恐嚇等方式，可能會教出外表屈服，心中卻充滿憤怒、難以順服的孩子。

以「低聲教養」取代攻擊恐嚇，或許能教出明辨是非的孩子，也避免積壓高漲情緒，種下日後霸凌的根源。

下面以「弟弟無理取鬧時，小勝很生氣，直接用手推倒弟弟」為例，說明何謂「低聲教養」。

◆先以平和、穩定的語氣，同理穩定孩子的情緒

「低聲教養」強調的是避免使用高聲吼叫或肢體懲罰，這樣反而會激起孩子的情緒，難以安靜的受教。先以平穩的語氣，說出小勝的感受：「當弟弟無理取鬧時，我看得出來你很生氣、沮喪。」

◆教導情緒調節技巧

教導基本的情緒調節技巧，例如深呼吸、離開現場，像是到另一個房間冷靜一下，或去超商買零食抒壓等。如此，也等於是引導小勝學會在憤怒或挫折時，如何自我安撫，避免衝動行為。

◆訂定管教的終極目標

管教（discipline），源於拉丁文disciplina，意思是教導、學習和給予指示。平穩情緒後，在施以管教前，先想清楚「管教的終極目標」，如「遇到弟弟無理取鬧時，小勝能用正確的方式制止弟弟」。擬訂這樣的目標，就會知道「打、罵」並無法讓小勝學習到用正確的方式制止弟弟。

◆和孩子一起回顧事件始末

和小勝一起回想事情的始末，包括：

- 事發情境：在什麼情境下，弟弟做了什麼事，讓你覺得無理取鬧？如：我在讀書時，很討厭被人打擾，弟弟卻一直吵著要我跟他玩。
- 事情感受：當弟弟吵鬧時，你那時的感受是什麼？如：我感到很生氣，覺得弟弟不尊重我，很任性。
- 行為回應：你用什麼方式制止弟弟的吵鬧？如：我叫弟弟「閉嘴、滾出去」，弟弟就更故意，吵鬧得更兇，後來，我就直接推倒弟弟，弟弟摔倒撞到櫃子，玻璃杯也掉下來，但沒有砸到弟弟。
- 行為後果：這樣推倒弟弟的方式，你覺得有沒有可能發生嚴重的後果？如：如果玻璃杯掉下來砸到弟弟的頭。

◆更好的回應方式

和小勝一起探討，如果事情重來一次，或在類似情況下，如何以建設性、不造成傷害的方式回應？如：對弟弟用好口氣講話，才不會讓弟弟更故意，而造成反效果。或是「明白跟弟弟說，哥哥作業還沒有寫完，寫完作業後就會陪你玩」，或者「跟弟弟約定時間，先陪弟弟玩二十分鐘，之後我就要專心寫作業」等。

◆角色扮演

模擬小劇場，讓小勝扮演遇到弟弟無理取鬧時的情境，練習如何應用新學到的技巧來處理這種情況。當小勝在真實情境中成功應用學到的技巧時，及時給予稱讚和鼓勵。

父母可鼓勵孩子表達自己的感受和想法。遇到不適當的表現時，則先耐

心傾聽，同時引導孩子找到解決方案。「低聲教養」會讓孩子感受到「自己是被尊重的」，也因為受到尊重，能提升自我價值，也進一步能捍衛自尊，知道「我是值得被尊重的人，不該受到不合理的對待」。

> 情緒是本能，壓得住情緒是本事。有本事的父母，才能教導出有本事的孩子。

2.記恨報復型：父母擅於記恨、報復，孩子也不會輕易饒過別人

報復型的父母，在遇到別人「對不起」他的時候，常會採取「記恨」甚至伺機報復的手段。孩子在學校難免會遇到權益受損的情形，報復型父母的孩子可能會「不放過」得罪他的人。例如製造謠言孤立某位同學、表現出不喜歡某人甚至處處刁難某人，若再加上本身有一定的班級地位，便容易成為班上帶頭

的霸凌者。

◎翻轉教育

從「維護自我權益」到「維持好關係」

在強調「維護自我權益」的時代，一個不小心便很容易產生對立，影響到人際的和諧。而記恨、報復更是「覺得自己權益受損，無論是身體權、財產權或人格權等」的反應，背後往往是因為「感受到不公平、被侵犯或權益受損」等原因，故要「狠狠加倍奉還」。所以，首先是要調整「對事情的認知」，認知改變了，行為就會跟著改變。

下面以「小勝的新球拍被同學不小心弄出刮痕，小勝一直記恨同學，並伺機報復」為例，加以說明。

◆開啟對話並傾聽

特別找一個精心時刻，專心傾聽，邀請小勝詳細講述整個事件，讓小勝感受到被支持和理解，是開啟溝通的第一步。

如：體育課時，同學看見小勝的新球拍，便跟小勝借，然而在打球的過程中，同學習慣用球拍撈起地上的球，結果新球拍的框就多了很多道刮痕。

◆討論並理解情緒

問小勝對於同學的行為和動機有什麼看法，以及這件事情是如何影響到他，幫助小勝辨識和表達自己的情緒，同時也促使小勝嘗試從同學的角度理解事情。

如：覺得同學沒有珍惜球拍，甚至覺得同學不重視我的感覺，心裡覺得很不舒服。

◆換位思考

從「我怎麼想」到「他怎麼想」，鼓勵小勝嘗試從同學的角度理解事情。

如：同學可能覺得，就只是撿球，是很正常的動作，這是他平常運動時的習慣，並不是故意要刮出痕跡。或許，同學可能會覺得自己太大驚小怪，但我覺得同學欠我一個道歉。

◆檢視目前採行的手段

「你現在的做法」，如記恨在心裡，或故意做些讓同學難堪的報復行為，會如何？

如：我還是會一直生氣，心情也不好；本來上體育課都會很高興，現在很不喜歡上體育課。

◆ 探討適當的解決方案

和小勝一起思考和討論適當的解決方案，幫助小勝學習理性解決衝突。如：嘗試跟同學溝通，表達自己心理受傷的感受等。若小勝落實適當的解決方案，與同學進行正面的交流和互動，給予支持與鼓勵。

> 寬恕就像紫羅蘭，把它的香氣留在那踩扁它的腳踝上。——馬克吐溫

3. 自大型：父母自以為是，孩子也很難謙和待人

在教育現場，遇過諸多霸凌同學的孩子，有著「自以為了不起」的自我概念。印象最深刻的是有次晤談某位霸凌學生的父親，這位父親開口的第一句話：「我是博士，事業這麼成功，怎麼可能教出有問題的孩子？」接著就是一味怪罪班級同學自己差勁才會被欺負；孩子也表現出「自以為成績好、體育

好」等「了不起」的老大個性，一口咬定都是別人的錯。

◎翻轉教育

從「沒有人比我更厲害」到「他很厲害」

在講求排名與競爭的校園文化中，總是鼓勵孩子成為最優秀的那個人，除了第一，別無其他。但這也可能讓表現優異的孩子抱持著「沒有人比我更厲害」的自我中心思維，反而限制了個人的視野與成長，甚至難以合群，也容易因瞧不起同學，而產生霸凌行為。

下面以學業優異但自大的小湘為例，當同學考試成績不佳或表現不如人意時，她常會加以譏諷、嘲笑。

◆父母先行反思是否常做「比較式讚美」？

孩子需要讚美，也需要肯定；但如果父母常採用比較式的讚美，如「全班你最棒了」、「班上一定沒有人像你這麼厲害」等，無形中很容易導致孩子「自我感覺良好」，甚至是「自我膨脹」。其實，讚美的方式有很多，或許可以從口語的讚美，改為社會性讚美，如「肯定的眼神」、「驚喜的情緒」等，這些都可以回饋孩子有好表現，也會讓孩子感受到被肯定。

◆預備談話的環境及內容

以精心時刻，如在安靜的咖啡廳享用下午茶，跟小湘談心。開始時，可以說：「我要跟你談一些事，你聽了可能會覺得不舒服，但因為這些事很重要，就算你會覺得不舒服，我還是得說。」以這類具同理心又提示性的內容為開場白，預備談話的環境及內容，開啟溝通模式。

◆引導反思：你不喜歡的，別人也不會喜歡

在空白紙上，寫下一些小湘用來貶抑、譏諷的內容，問小湘看到這些字的心理感受，讓她能反思自己的行為，已對別人造成負向心理感受。也可以用小湘不擅長的事情做比喻，如打籃球。如果體育課時，有人在球場上嘲笑你籃球打得很差，你的感受會是什麼？如此，能有助於小湘從別人的角度理解自己的不當行為。

◆鼓勵正面行為：你喜歡的，別人也喜歡

在空白紙上，寫下一些具體稱讚小湘的好表現，如「謝謝你能安靜聽我說」、「謝謝你的用功，在學業的表現總是令人放心」等，也可以問小湘看到這些字的心理感受，鼓勵小湘去思考，那些她本來覺得差勁的同學，有沒有什麼好表現，讓她也能學著去鼓勵同學。如此，不僅能不當個霸凌者，還能有更融洽的人際關係。

當孩子能看見「他很厲害」，能懂得欣賞他人，這也能讓孩子開闊視野，對孩子的成長有相當正向的助益。

4.自私算計型：工於算計的父母，孩子很難真誠待人

有些家長善於算計，如「算計朋友是不是對自己有幫助」、「算計別人的能力並評估貢獻」，而對於不易算計的內在人格，如溫慈、和善等較不重視。孩子在耳濡目染下，也可能「算計班上同學貢獻度」，甚至以此「量秤別人的價值」。如此，便容易表現出對弱勢同學輕慢、無理，日積月累進而形成霸凌行為。

◎翻轉教育

從「利己不利人」到「利己利人」

「人不為己，天誅地滅」，人性也是從「先自保」開始，但如果為了「自己的利益」而不惜做出不利於他人的行為，甚至長期、反覆讓同學處於不利的狀態，就容易形成霸凌行為。

下面以常替自己著想、不去考慮同學的小翔為例。小翔忘記帶課本時，會為了避免被老師扣點，而強行把同學的課本拿來放在自己的桌上，變成同學被扣點；又或者午餐時常常沒有耐心等候，故意找好欺負的同學插隊。

◆反思家庭是助力還是阻力？

自私自利的行為模式可能受到多種家庭因素的影響。如果過度寵溺並任何要求都被立即滿足，可能讓小翔以自己的需求為優先；或者父母經常表現出自我中心不考慮他人的行為，如不在乎清潔人員的危險，直接把碎玻璃扔進垃圾袋。畢竟，孩子是看父母做什麼長大的，父母的身教有很大的影響力。

◆從「分享」學習「慷慨無私」

慷慨，不只是關於物質上的分享，更是情感、時間的共享。因此，可以安排家庭日，除了美食歡聚，更可以一起分享經歷與感受，讓孩子理解分享的價值。或者參加志工，如淨灘、社區打掃等，都能讓孩子親身體驗「慷慨無私」的喜悅，進而逐漸調整待人處事的方式。

◆回顧討論

志工服務或分享後，進行反思討論，可以問一些開放式的問題，例如「今天最享受的部分是什麼？」「今天的活動，對他人有什麼幫助？有什麼新發現？」等。或者引導孩子思考還可以做些什麼活動等。

藉由種種活動，可以讓孩子在幫助他人的同時，發現自己的內在價值和潛力，達到「利人利己」的雙贏局面。

二、溫柔的孩子，不會霸凌別人

溫柔不僅是一種性格特徵，更是一種能力，能讓孩子的人際關係更加圓融和諧。

溫柔養成術1：溫和地糾正錯誤

看似霸凌行為的背後，其實很多時候不是出於「單純只是要讓對方痛苦」，常常是因為看不下去對方的言行，進而討厭對方，並以強烈的情緒及粗暴的方式去修理對方，試圖改變其行為。以底下的例子來說明：

小明看到餐桌上有魚，於是對爸爸說：「爸，你知道我不愛吃魚。」爸爸看了看小明：「那看你是要吃耳光，還是吃魚？」

小明支支唔唔地說：「那我還是吃魚好了。」

爸爸一邊叼著菸一邊說著：「看你下次還敢不敢挑食。」

「看你下次還敢不敢」這句話在驚悚的霸凌現場，經常出現在霸凌者的口中，在與霸凌者晤談的過程中常會聽到，他就是「想要修理對方」。因此，霸凌行為帶著很強烈的目的性——糾正對方。即使是出於「為別人好」的目的，也應以「間接、委婉」的方式去糾正別人的錯誤，以免以「為別人好之名，其實是打擊對方的自尊心」。

以小鈴擔任班上的風紀股長為例，她常會糾正干擾課堂秩序、服裝儀容不整齊或遲到的同學。但小鈴常使用的方式是，「你很吵，閉嘴啦」、「你難道不知道穿錯衣服，會害全班被扣分嗎？你這害群之馬」等激怒對方或貶抑對方的用語。

此時可一步一步引導小鈴學習間接而完整的糾正方式。

◆先肯定，再糾正

對負向行為給予指正前，先對正向行為給予鼓勵，以促進彼此的正向關係，也可以增加對方對負向行為的改變動機。先肯定的做法如：「我知道你想讓上課氣氛有趣一些，你說的話有時很幽默，我也會被逗得很開心。」

◆說出自己受到的影響與感受

接著，表示自己因對方的行為，受到的影響與感受，增加對方的同理。如：「但是，大部分的同學還是想好好聽老師講課，不喜歡被你的話打斷。」

◆**具體說出希望對方的行為表現**

接著，則可具體表達希望對方改進之處。如：「希望你能保持安靜，或只問跟課堂相關的問題，這樣比較不會影響上課。」

◆**向對方表達感激之意**

接著，感謝對方願意改變。如：「謝謝你喔。」

> 把想到的話不加修飾地說出來，本質上與犬吠並無兩樣。人之所以有異於犬，乃在於人能經過一番思考後再表達自己的想法。

溫柔養成術2：寬容，讓校園更和平與美好

即使是最和善的人，有時也難免會傷別人的心。在學校的時間長達八、九個小時，一定會有「不小心被侵犯」的時候，可能是同學不小心撞到桌子弄翻自己的奶茶，或是有人因為一時心情不好講話口氣很嗆，或者誤會自己偷拿對方的文具，其實只是自己的文具正好和對方一樣，而對方搞丟了文具還誤會別人等各種情形，都可能發生在「任何一位孩子，包括自己的孩子」身上。

一樣遭K生誤會拿走自己的文具，A生和B生採用不同的方式回應。

A生選擇了解對方不是有意的，只是文具一時找不到，急性子的K生就誤會是自己拿走。A生選擇原諒對方，也明白表示自己不會放在心上，大家還是好朋友。

B生則很氣憤自己被K生栽贓，堅持要求對方道歉，並以一副「得理不饒人」的姿態，不留顏面地指正K生。

K生會想跟A生還是B生，從「同學」進一步變成「朋友」呢？

隨著同學一天當得比一天久，漸漸的，有人就會成為很多朋友的人氣王；有人則可能因「斤斤計較自己的利益及損益」而失去更多的友情與支持，成為人緣差的孩子。

底下以籃球賽為例，小傑撞倒了隊友小克，導致小克受傷。小克認為小傑是故意衝著自己來的，要讓自己受傷而無法代表班上比賽，這樣備取的小傑就可以上場。

◆暫停與冷靜

發生衝突的時候，由於雙方的情緒都十分高漲，最好先處理情緒再處理事情。因此，確保小克的傷勢得到適當處理後，將雙方暫時分開，以有時間冷靜下來，避免在情緒激動下說出更多傷人的話或導致肢體衝突。

◆開放式溝通

特別安排適當的時間和場合，引導小傑和小克進行開放式的溝通。如：鼓勵小克說出「為什麼他會認為小傑是故意的？」也讓小傑說明「當時是在什麼情形下撞到隊友小克？」

◆回顧事件並討論

讓小傑和小克互換立場，以能從對方的角度考慮問題。透過換位思考，小克或許就能明白小傑當初是為了要搶對手手中的球，而小克也是要搶球，在過程中小傑不小心撞倒小克，他並不是故意的。

小傑也可以理解，由於自己是候補第一位，加上之前確實在與小克爭取成為正式選手前發生過口角，難怪小克會以為自己是故意的。這些雖然是巧合，

但誤會也是人之常情。

◆對不起、謝謝你

在冷靜理解彼此的觀點與化解衝突後，無論是受傷的小克或被誤會的小傑，都需要寬恕與理解彼此的過犯。道歉的同時，也要對彼此的寬容道謝，謝謝彼此的願意理解。

溫柔養成術3：好好生氣不傷人

情緒本身沒有好壞，也沒有對錯，但「發洩情緒」的方式則有好壞對錯之分，尤其為了發洩自己的情緒，做出傷害別人的事情，就可能形成霸凌。

下面以小艾和小櫻之間的衝突為例。小艾在社群網站上放了一張自拍照，但底下都沒有人評論或按讚；相對的，小櫻也換了頭貼，人緣很好的小櫻，很多同學回應，這讓小艾對小櫻非常不滿，覺得小櫻是故意在同一天換頭貼。過幾天，小艾看到小櫻桌上擺著美術作品，便故意去碰撞小櫻的桌子，導致小櫻放在桌上的作品掉在地上破碎，小櫻認定小艾是故意碰撞，而小艾也回嗆：「我就是故意的，不然你想怎樣？」兩人在教室你一言我一語地大吵起來。結果，小櫻也跑去小艾的座位，抓起小艾的鉛筆盒摔到地上，很多筆都掉了出來。

◆知道情緒：了解情緒行為曲線

情緒是人類體驗生命與感知生活的重要部分，情緒穩定並不代表沒有情緒，而是懂得如何控管情緒，不失控做令自己後悔與別人難過的事。我們可以傑夫瑞・柯文（Geoffrey Colvin）的「情緒行為曲線圖」為媒介，讓孩子明白「情緒開始到結束的過程」。

◆覺察情緒：結合日常學校經驗

若套用小艾與小櫻的衝突，可更了解情緒行為的過程。

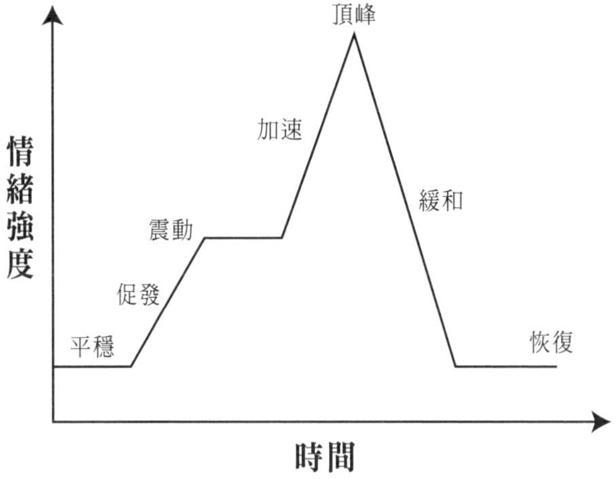

情緒行為曲線圖

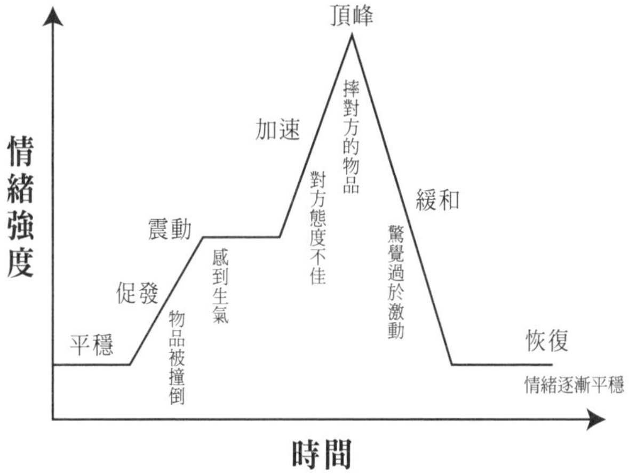

小櫻情緒行為曲線圖

經由這樣的分析，能一步步回顧過去幾次情緒爆發的過程，情緒不再只是抽象的感覺，而是具體可以分解，甚至是可以調整的流程。

◆「情緒中斷」：打斷情緒感受發展成衝突事件

生活中難免會遇到各種觸發事件，但如何能「情緒中斷」，不要任由情緒一路從震動、加速甚至爆發衍生衝突導致嚴重的後果。

廁所其實是個適合情緒中斷的場合。當小艾說出不合理的話，小櫻可以直接離開現場去廁所，不必繼續聽對方的聲音。洗把臉，讓自己冷靜下來。然後可以去報告導師或美術老師，小艾的行為需受到應有的訓誡，同時也能讓美

術老師了解，自己的作品碎裂的原因。

學校生活，往往不輕鬆，平均一天要上七、八堂課、各種課堂作業、分組報告，還有大大小小的考試、競賽等，壓力可能來自師生相處、同儕互動，也可能來自學業挫敗、本身親子衝突或手足不睦等情形，生活壓力難免，而情緒時好時壞也很正常。

然而，情緒的處理只有在事前和事後有效，在情緒發生當下，其實是很難「消除」情緒，也很容易失敗。因此在平常時，即可學習控管情緒的方式，讓「情緒可以安全地發洩」，一次次度過人際衝突的危機。

第八章

老師可以這樣做
降低霸凌形成的機會

如果想要營造友愛的班級，就要把焦點集中在孩子之間友愛的舉止上。透過一個個具體行動、一次次擴大友愛的影響力，友愛就不再只是抽象的名詞，而是進行的動詞。

學校是發生霸凌的主要場所，老師可以在「未發生任何霸凌之前的公開討論」、讓「每個孩子都能被看見，降低班級地位不平等」、避免成為「同學之間競爭的推手」，並「覺察和處理各種不友善行為」。這麼做不僅能經營親師關係，在發生衝突時贏得家長的信任，也能彼此同心協力一起幫助孩子往好的方向前進。

一、在未發生霸凌之前，「公開討論霸凌」預防可能潛在的危機

因為學校的獨特文化，幾乎可以說有學校就有霸凌的存在。霸凌就好比是電腦病毒，雖然不一定每一台電腦都會中毒，但中毒的機率非常高，發生比率高的結果就形成「常態」！當把電腦病毒視作常態時，便能正視「病毒存在」的事實，並投入大量人力及心力去做「預防」的工作，即所謂「預防甚於治療」！如此，當「有電腦就有可能中毒」的理念成為共識時，裝設電腦時連同防毒軟體一併裝設，便可大大減低電腦遭受病毒的危害。

同樣的道理，有班級的地方，就可能發生霸凌。因此，在學年剛開始的時候，沒有任何霸凌行為發生之前，可以正式地把霸凌放到檯面公開討論，對霸凌行為預先有所警覺，同時能思考應對潛在問題的方法，這是預防霸凌問題最重要的方法之一。可以分成受凌者、旁觀者與霸凌者的角度設計以下討論題

目，讓全班一起討論。

1.針對受凌者：可以這樣討論

◆重點1：遭受哪些行為會讓人覺得難過？

可以從「言語、文字、圖畫、符號、肢體動作、電子通訊、網際網路」等方式，並結合「直接或間接對他人為貶抑、排擠、欺負、騷擾或戲弄」等行為，引導孩子思索自身經歷或正視各種可能的行為，這些其實都是會讓人難受，絕不是「我只是開個玩笑，又不會怎麼樣？」

◆重點2：可能是什麼原因導致霸凌的發生？

可以從「個人因素」、「家庭因素」及「學校因素」，引導孩子思考和討論。

- 個人因素：如個人不擅長口語表達，也少與人分享；或可能比較自我中心，導致人緣差甚至被排擠。
- 家庭因素：如家庭成員少，只有跟一位父親或母親同住，若彼此之間又少對話，就可能會造成孩子比較孤僻寡言，不善與人相處甚至比較不識相，也有可能影響到人際關係。
- 學校因素：如在一個以「貶損」為有趣的班級，「爭鋒相對」變成日常時，就比較容易產生霸凌。或者，班導的管教風格大多採取懲處高壓的方式，只要同學有衝突，多是採取記警告、記過，缺乏同儕間的溝通與關係的恢復及對話，容易讓孩子的關係變得緊張與對立。

藉由這些過程，一步步拓寬孩子的思考，不會狹隘地認為「那個可惡的同學」或者「那個白目的人」，而可以更寬廣地看見每個人背後可能的家庭與成長過程，以更寬容與理解的角度跟同學相處。

◆重點3：強調受凌者不需要感到自責

受凌者，不需要感到自責，只是要明白解除危機、擺脫受凌的方法；且也要讓孩子明白安心求救的方式，一旦撥打電話、寫電子信箱或是口頭告知後，大人會怎麼做？這樣的討論，才能讓孩子真正安心。

若只是宣導「反霸凌專線」或是提供各種「反霸凌信箱」，而沒有讓孩子明白，這些反霸凌專線或者反霸凌信箱背後連結的是些什麼，孩子可能會擔心會不會告訴大人後，大人在處理時會透露自己的名字等，這些種種都是在討論受凌者時很重要的內容。

2.針對旁觀者：好好照顧自己，並安全地幫助同學

◆重點1：先同理旁觀者

先同理旁觀者，讓孩子討論「身為旁觀者的難處」，像是不敢出面、害怕

自己被孤立被排擠，深入理解這並不是「是否有正義感」，而是人類自保的基本需求。

◆重點2：了解旁觀者可能的類型

可依前面第五章關於旁觀者的類型，針對「起鬨型旁觀者」、「害怕型旁觀者」及「冷漠型旁觀者」，與學生討論這些類型旁觀者的差異，並討論其對霸凌事件的影響。

◆重點3：旁觀者該怎麼做，以保護自己和同學的安全？

依「起鬨型旁觀者」、「害怕型旁觀者」及「冷漠型旁觀者」，討論怎麼做會讓「全班更安全、大家更安心上學」。

如在「起鬨型旁觀者」中，大部分旁觀者與霸凌者是好朋友，可以把「本來跟著起鬨」的行為，轉變為「藉故邀約霸凌者從事其他活動以遠離受凌者」，如下課時主動約霸凌者去操場打籃球，就可讓霸凌者不會在下課時間去欺負受凌者。

「害怕型旁觀者」，可客觀評估自己與霸凌者的互動與交集，保護好自己，不讓自己成為下一個遭受霸凌的對象。而「冷漠型旁觀者」，則可告知大人，讓大人去保護同學；或者遠離霸凌現場，避免因有觀眾效應而增強霸凌行為。

3. 針對霸凌者：如果遇到很不喜歡的同學時

沒有人天生想當霸凌者，就像是沒有天生的壞小孩。霸凌事件往往比較像「私法正義」，霸凌者會覺得自己只是在「替自己討公道」，可能是在某次事件中有人說了什麼話激怒他們，或是看對方不順眼，或是對方做了讓自己感到不舒服的事。

◆重點1：遇到討厭的同學時

討論當遇到同學的行為，讓自己看不下去或感到生氣時，會怎麼做？

◆重點2：反思私刑正義是否為正義

可從新聞事件反思：到加害者門口撒紙錢、扔雞蛋甚至潑漆等行為的討論。

◆重點3：遇到覺得難以相處的同學時

每個人的容忍度不同，對於有些同學特別介意而難以忍受，或是覺察自己脾氣火爆可能變成霸凌者的同學，可以特別與老師商討，讓老師能做適度的彈性調整，如減少同組等，以避免發生霸凌。

二、以「人人都能被看見」降低「勢力不均等」

霸凌形成要素之一是勢力不均等。當每一個孩子都有舞台，當每一個孩子都能被看見，當每一個孩子都能獲得掌聲，就沒有孩子是弱者，沒有孩子會被誰欺負。

1.才藝分享日：讓人人有機會成為主角

學校的課程多會有自習、班會等彈性自主的課程，可讓孩子自選才藝，讓孩子表現特殊才能或興趣。常會發現，在學業之外，孩子的另一面總是令人驚喜。如有些孩子會表演魔術、街舞或是各種社團學習的成果，這能大大增加孩子的自信，也能讓孩子更全面地認識同學，進而欣賞每位同學的多元性，增加包容異己的能力。

2.走進我的世界：擅長或熱愛主題的短演講

青少年是很需要被傾聽的年齡，也是很需要分享的年齡。「走進我的世界」的短演講，可以讓孩子就個人的興趣、收藏等做分享，常見的有動漫、公仔、手遊或是手作。不帶任何評價，單單只是讓孩子分享喜好，尊重每個孩子的嗜好，造就友善不帶功利優劣的接納班級氛圍。

3.人人都對班級有貢獻：使用每一位孩子

常常會發現，班上常會出現「能者多勞」的情形，尤其有些動作伶俐又負責任的孩子，常會身兼多職，甚至忙到下課事情多到沒有時間休息；相對地，也有同學因能力相對沒有這麼優異，常會被「閒置」。這其實很像社會，公司裡有些人很忙碌，被重用，大家也都知道他們是被老闆看重的人；班級也是，「大忙人」與「閒人」常會成為班級地位不均甚至是對班級貢獻多寡的重要衡量，故盡可能讓每個同學都有機會為班級服務，也是平衡同學班級地位的重要方式之一。

一般來說，為維持學校的運作，學校其實有許多事會讓學生幫忙處理，如開關電燈、檢查窗戶、收發聯絡簿、抬餐、清洗餐具等，甚至各科都有小老師、幹部等，若能詳列出大大小小的事項，分難易度不同，將容易的事盡可能給不靈巧但能勝任的同學去完成，不僅孩子能感受到被看重，而且也提高孩子對班上的貢獻度，能有效平衡能力不均所可能造成勢力不均的情形。

4.文化節：不同文化、成長背景的分享

如果班上有來自異國背景的家庭或不同民族，就能以「文化節」作為活動，讓孩子從食物、服裝、傳統文化等，更理解與靠近同學；也可配合「我最愛吃的古早味零食」，藉由分享古早味零食，讓非異國文化的同學也能參與活動與交流。

三、避免成為削弱或增強孩子權力的推手

老師有管教學生的權利，無論是讚美學生或貶抑學生、獎勵或懲處，這些點點滴滴都有形、無形成為削弱或增強孩子權力的推手。

1.慎用「連坐法」，避免造成排擠

將學生分組，並對同組的人進行連坐法，是很多教師經營班級管理的策略之一，連坐法主要是把群體視為同一人，只要一個人做錯事，不論其他人有沒有錯，都要受到相同的處罰。主要是希望藉由同儕的力量，彼此督促砥礪，但這種方式卻會增加發生霸凌的可能性。

◆故意違反規則，作為報復工具

因為只要違反規則或學習表現不佳，就可以讓同隊一起受到處罰或扣分。因此，倘若同隊中有討厭的同學，連坐法就有可能被拿來當作「報復」同學的工具，尤其有些個性衝動的同學，根本不在乎分數或處罰，乾脆就「全隊一起死」，這樣反而會讓人際關係衝突變得複雜。

◆難以寬容，產生敵意

在連坐法的情形下，別人做錯，自己也跟著倒楣受罰，同學關係變成利害關係人。對於同學的一點點犯錯，也會更難以寬忍，覺得「都是這些你的小錯才會害到我」，反而變得處處計較，甚至因此討厭害自己遭受處罰的同學，很可能埋下日後霸凌的遠因。

◆為了自保，排擠同學

採取連坐法，大家為了「自保避免受罰」，或是「增加獲勝的機會」，很可能對於「學業弱勢、能力較差、調皮不遵守秩序」等同學產生排擠，畢竟「誰都不想被連累受罰」，這些都是變相助長孤立、排擠的關係霸凌。

連坐法確實是一種便利的方式，但「便利」，其實是「方便＋利刃」所組合的概念，方便的同時也會如刀刃般造成許多傷害。因此，如果想使用連坐法，要重視內容及執行上的細節，或者強調「一個人做得好，全組都可以獲得獎勵」，增進個人為團體努力的榮譽感，減少個人優劣表現影響團體成績，或許較能達到本來期望「同學互相合作的美好期待」。

2.分組前多做一件事，避免分組變成某個孩子的折磨

「我最討厭輔導課、童軍課和家政課」，這些本來應該是受歡迎且快樂的課，但對於學生自行分組時會經常落單的孩子來說，簡直就是一種折磨；有些孩子甚至會因此而選擇性藉由頭痛、肚子痛躲避這些課。

「如何分組」對老師來說確實是兩難。通常，讓學生自己分組會是多數學生最喜歡的方式，畢竟可以和自己喜歡的朋友同一組，進行各種有趣的活動，如一起做餅乾、搭帳蓬或演戲等；但是，對於「沒有人要跟我同一組」的孩子來說，「我是不被喜歡的、大家都討厭我」的感受是很大的傷害，甚至有同學即使到處去詢問「我可以和你們同一組嗎？」也往往是從頭到尾都被拒絕。

最後，讓老師出面協調分組，強迫被分到與「人緣不好」的人同一組的同學，所發出「很倒楣」、「哀怨」的聲音，也對分組常落單的孩子形成更大的傷害。

有句話說「不要把自己的快樂建築在別人的痛苦上」，同樣的道理，確實也不能「為了大多數學生的快樂，就讓少數孩子獨自承受痛苦」。因此，在分組時，若想兼顧「大多數同學的感受」及「不讓少數同學落單」，或許可以在事前多做一件事。

在進行分組活動前，老師可事先找比較友善的小團體，讓孩子知道會進行分組，同時希望他們能包容與人緣不好的小華同一組。舉例說明如下：

小欣、小薰、小輝及小佑，老師知道你們四個是好朋友。分組時，你們一定會想在同一組。這次我們的童軍課會以五個人為一組。老師想邀請你們四個人再加上小華跟你們同一組。我知道，大家都不喜歡小華；但是換個立場想，分組的時候都沒人想跟自己同一組，這種感覺很孤單也很痛苦。所以老師想邀請你們四位，可以跟好朋友同一組，同時又能幫助小華不必陷入「沒有人同組」的處境。

身為老師，我也會盡量提供協助，如果小華有不合群難相處等情形，老師也會盡力協助。

老師私下請託同學幫助無人想同組的孩子，這樣的方式，被請託的孩子會感受到老師的尊重，而不是強迫，多半能樂於接受；加上老師會特別留意該組同學的相處，必要時做適度的介入，通常多能有良好的小組互動，同學也能從中學習如何與不那麼喜歡的人相處。畢竟，在現實社會中，不一定永遠都會遇到可愛的同事，與不喜歡的人相處，也是重要的學習。

3. 慎用學生管教權

一般而言，老師有管教學生的權力，但學生之間並不具有管教權力。教學現場常會看見某個不受人喜歡的同學上課時插了句話，坐在周圍的同學卻說出如「你安靜啦」、「閉嘴」、「吵什麼吵」、「吵屁啊」等難聽又不溫和的管教言語。如果這是在「課堂上發生」，如果老師目睹「同學過度管教」卻未加制止，則可能演變成老師默許「同學上對下的管教行為」，形成勢力不均的惡性循環。

如果課堂上發生同學「過度管教」的行為，老師可以直接告訴同學「沒有管教權」，或者可以只指定某些同學以溫和的語言，做「提醒者」的工作。例如曾有一位女學生由於上課時而出現干擾聲音，周圍的同學只要她一出現干擾行為，就群起罵她，使班級秩序陷於更加混亂的情形，於是老師便調整座位，請風紀股長坐她旁邊，並且指定只有風紀股長才有「提醒女同學安靜」的權利，其他同學不得做出管教行為。如此，班上的秩序很快就歸於平靜了。

4.避免「永遠的垃圾桶」座位，預防有同學被唾棄

有時，班上會出現一些特別愛干擾、秩序不佳甚至上課不專心、人緣差的孩子，這些孩子可能會被長期安排在垃圾桶旁的座位，以與大家隔開。

或許我們可以試想一下，一般大人應不會把重要的人放在角落；同樣地，座位經常被安排在角落的同學，久了就不容易被重視，就像是「公認被唾棄的人」一般。雖然難以避免班級裡總是會有座位靠近垃圾桶，但在座位安排上可以讓大家輪流，避免長期讓某些同學被安排在像是被懲罰的垃圾桶座位。

5.雪中送炭更勝於錦上添花

「獎勵好表現」確實是重要的，而許多老師也會使用「集點卡」來獎勵學生有好表現。然而，如同《神之一手》的電影台詞，「這世界對高手是樂園，對弱者是煉獄」，集點卡對某些優異的同學來說，「考試達到九十分就一點、作業當天準時完成又一點」，集到滿格對高手同學確實簡單，也很容易就獲取獎勵。但對優秀同學來說「太簡單的任務」，對某些同學可能是「看得到卻吃不到」的空格卡一般。

一直記得一位叫小仁的同學，有

次晤談小仁手中拿著空白的集點卡說著，「我也想要神祕小禮物，但我數學不可能考到九十分啊，作業也很難當天完成，數學不會寫就是不會寫，怎麼完成作業？」有次進行個別晤談時，我順手從冰箱拿了一瓶市價十元的鋁箔包飲料表示要請他喝。為降低晤談時的緊張氣氛，我請過許多孩子喝飲料，多數孩子會禮貌地道謝便收下，也有不少孩子客氣地婉拒。唯有小仁是「睜大眼睛」地問：「這飲料真的可以請我喝嗎？」眼神裡充滿感謝，就好像手中拿著不是飲料，而是燕窩般的珍饈。後來，細問之後，才知道小仁的爸爸罹患大腸癌末期，媽媽為了照顧爸爸無法工作，全家只靠低收入補助生活。因此，除了維持生存的食物之外，家裡沒有任何零食、飲料，因此，小仁才會視僅十元的飲料如同珍寶。

集點卡立意良好，但如果老師能針對幾位特別難有好表現、難以獲得點數的孩子，提供一些特別的集點項目，如抽屜保持乾淨等，就能讓每個同學都有機會集到點。雪中送炭的暖心，可以公開，讓孩子理解因每個人不同的情形而能有特別條款，引導孩子看見差異，落實真正的平等教育。

四、預防不友善行為長期反覆發生

同學一天相處近十個小時，每個人外型不同、班級地位差異，在各種活動競賽中都有可能發生大大小小的磨擦與衝突，也可能發生各種不友善的事件，造成心裡的不舒坦甚至變成記恨或報復等霸凌行為。故「化解不友善行為」就像是日常打掃一般，才不會累積一整年的汙垢，變成頑垢，難以清除。

1. 情緒放風箱

設立一個「情緒放風箱」，引導學生使用非指責的語言表達自己的感受，像是「當……我感到……」的表達方式。例如「當我在小組討論中提出意見時，大家都在各說各話，沒有人聽我講話，我感到十分沮喪。」這種溝通方式有助於減少彼此怕被針對與指責的防衛性反應，也能促進彼此將心比心地同理。老師可以定期檢查並與學生進行一對一討論，以找到解決問題的方法。

2. 情緒日記

鼓勵學生記錄情緒日記，提高孩子覺察自己的怒氣或不滿，了解積壓在心中的情緒可能造成的影響，也能透過對自己各種情緒的反思，學習以合理、被人所接受的方式表達怒氣或不滿。對於情緒時常暴走的孩子，則可尋求輔導、特教或醫療資源協助。

3. 和解樹

在教室擺設「和解樹」，學生可以在樹上掛上希望和解的對象與事項，讓和解成為學生在發生衝突後尋求問題解決的常態管道，也能幫助學生發展出成熟處理事情的態度與方法。

透過這些林林總總的活動，適度表達不滿，並學習以建設性的方式解決衝突，無論在人際關係和情感成長上，對學生都能有相當的助益。

五、平日多存款，出事小提款

在一群二、三十位心智年齡尚在發展的孩子之間，「發生衝突」幾乎可說是家常便飯，而往往最困難處理的並不是孩子的衝突，而是孩子背後的父母。

因此，平日可藉由「親師存款」，增加家長的信任與信賴，以在面對孩子教養挑戰時，家長能成為神隊友，一起同心合力教養孩子，而不致彼此拉扯，甚至懷疑老師偏心或針對自己的孩子。

1.平日多存款：以「綠色字條」作為日後衝突調節的籌碼

大多數父母都相信他們將孩子教養得很好，也會以自己的孩子為榮。如果老師指出孩子欺負弱小或表現不佳等行為，即使是事實，也會讓大多數父母感覺受到威脅產生防衛心。因為當孩子出現偏差行為，感覺就像「偏差的子女背後有著偏差的父母」一般，會讓父母有不舒服甚至被指責的感受。

相對地，父母最愛聽的話，莫過於別人對自己孩子的讚美，尤其如果是老師讚美自己的孩子，也等同是父母被肯定一般。

在二、三十人的班級上，難免會遇到學生發生衝突，需向家長報告孩子的狀況，或是在聯絡簿上寫紅字或是開警告單，親師生關係很快就會進入「紅色警戒」。所以，為了在發生衝突時，能降低父母的過度防衛甚至誤以為老師對孩子有偏見，利用「綠色字條」，等同是預先打通親師溝通管道，能讓疑似霸凌發生時更順利處理，像綠燈般快速通行，而不卡關。

綠色字條的範例如下：

親愛的阿輝先生，您好：

小華在上家政課時，發現別組同學忘了帶糖粉，主動拿自己帶的糖粉給同學，幫助別組也能完成餅乾製作，讓同學非常高興與感謝。小華十分友愛，您把孩子教得真好。

玉芬老師謹啟

綠色字條有兩大功能：

◆建立老師正面的形象

當家長收到老師稱讚自己孩子的字條時，不僅高興於自己孩子的好表現，更會感受到「老師是一個會注意到孩子良好表現的老師，而且真正關心孩子」。如果有一天孩子跟同學發生衝突，有必要和家長聯絡，尤其是討論孩子的不當行為時，家長通常會更容易接納老師的看法甚至是建言，對親師合作大有助益。

◆學生會自動收斂不當行為

當把字條透過孩子交給家長，或是貼在聯絡簿傳達給家長時，孩子也會看到「老師肯定自己」。孩子發現「老師竟然會注意到自己良好表現」，一方面會感到開心，同時也意識到老師會注意自己的不當行為，有助於讓孩子自動收斂不當行為。

寫字條只會占用幾分鐘的時間，但能換來「更尊敬老師的家長」及「行為更良好的學生」，而大大提升管教成效，是十分值得的。

2.出事小提款：孩子的親筆信

一天在學校的時間達八、九個小時，總會遇到孩子做出一些不適當的行為，老師必須讓家長知道孩子在班上的不良表現，但老師也往往因擔心引發家長的反感，而產生極大的心理壓力。

事實上，無論老師是用寫的或口頭告知，都可能在傳達過程中發生一些扭曲，或是被家長認為針對自己的孩子等情形。或許，可從「老師轉知」變成「學生自己承認」。讓學生以最少、最具體的文字，寫出自己不適當的行為，範例如下：

親愛的爸爸媽媽，今天第二節下課時，我在教室罵小英是婊子。
學生簽名：小美
老師簽名：玉芬
家長簽名：

然後，讓學生把字條帶回家。請他隔天再帶回來。如果萬一隔天，學生到學校時，「聲稱」忘記把字條交給家長，那該怎麼辦呢？

這時只需要把學生叫到身旁，並且打個電話給孩子的爸爸媽媽，溝通內容如下：

張太太，您好，我是小美的老師玉芬老師。小美昨天有一張字條要交給您，但是她忘了拿出來，所以我就不再麻煩她帶回家了，我讓她直接告訴您字條的內容。小美就在我旁邊，她現在可以跟您說話。然後就把電話交給小美。

通常這方式只要用上一次，大部分學生的行為就會明顯改善。這個方法之所以有效，就是讓學生用自己的語言和筆記寫下自己所犯的錯誤，沒有過多其他語言甚至過多懲處，老師可以免於被家長指控反應過度、冤枉無辜甚至小題大作等，減少不必要的親師衝突，也避免將孩子間的衝突提升到親師間的爭辯，甚至是家長之間的衝突。

六、讓愛如水般流動，苔蘚般的霸凌就不會長

除了關注避免發生霸凌，更要聚焦在「友善班級」，把焦點集中在孩子友愛的舉止上。透過一個個具體行動，友愛不再是抽象的名詞，而是進行的動詞。

1. 愛的播送台：我欣賞你，因為……

可以利用班會課等全班性的活動，以「我欣賞你因為……」的語言，讓學生表達欣賞同學的原因與行為，如此會讓同學獲得正向連結，也能有被肯定的滿足，翻轉競爭、比較、勝負甚至是功利的氛圍，營造相互認可和鼓勵的環境。

2. 謝謝時刻

可在一天的結束，如寫聯絡簿的時間或每週一次的班會中，撥出一點時間，可能以抽籤或自願的方式，鼓勵孩子分享當天或當週所感受到的讚賞、接受的幫助或心存感激等或大或小的事項，營造暖心接納的班級氣氛。在這樣的時刻，「被提名感謝」的人，有機會被聽見和看見，同時也讓其他孩子學會傾聽和感受到行動所帶來的正面影響力，這有益於班級同學的情誼發展並提升關係的連結。

3. 共同服務計畫

全班可組織一個班級服務計畫，如海邊淨攤、認養非洲兒童、發起舊鞋舊衣回收、為慈善機構募款等，全班一起制定共同服務計畫，能大大促進學生之間的合作與溝通，就像是一個家庭，父母同心一起養兒育女一般，有共同的目標齊心合作。

在籌劃和執行這些服務計畫的過程中，孩子也能親身體驗到自己的行動對他人與環境的影響力，亦能提升孩子的自我價值感和成就感。而在努力實現共同目標的過程中，不僅能促進班級內部的友善氛圍和團結精神，也能為日後成為負責任的公民打下堅實的基礎。

4.互相教學日

鼓勵每個學生以自己擅長或熱衷的事物，可以是運動競技、藝術創作，設計成簡短的教學內容，來教導其他同學。如此在每個人都是「師傅與學徒」的角色交替過程中，能以更多元的角度肯定同學，也肯定自己。

5.大地團康遊戲

可以將全班同學分組，讓各組輪流設計大地團康遊戲，利用班會或結合童軍、輔導等各類課程進行。這不僅能讓孩子學習規劃和執行活動的能力，也能激發他們的創造力和團隊合作精神。透過團康遊戲的方式，每個小組成員也有機會一起協作遊戲，在輕鬆愉快的環境中增加溝通技巧與解決問題的能力。除此之外，也藉由參與其他組設計的遊戲，學生能體驗不同類型的團康活動，增強班級的凝聚力。透過「設計者與參與者」的循環和參與過程，可使整個班級更加動態並更有活力。

第九章

霸凌是西瓜般的大事，還是芝麻般的小事？

霸凌的影響絕對不是芝麻小事。受害者可能會自尊心受損、社交恐懼、憂鬱甚至會產生自殺念頭。霸凌的傷害也可能從學校延伸到家庭，甚至從童年持續到成年，對受害者的身心健康造成深遠的影響。因此，霸凌絕對是一個重要且嚴重的問題，需要嚴正看待與關注。

然而，當霸凌範疇擴大至「不夠友愛」即是霸凌，真正能滅絕的是「西瓜般的霸凌大事」，還是「芝麻般的日常小事」？而真正要保護的是「長期遭受惡意攻擊身心受創的孩子」，還是「同儕一般日常互動中感受到不舒服的孩子」？

一、我們真正想滅絕的是「西瓜般的霸凌大事」，還是「芝麻般的日常小事」？

「我想告對方誣告」，在獲知霸凌調查結果不成立後，「疑似霸凌者」的父親氣呼呼地說著想告對方。接著，這位父親說了一段發人省思的話：

「我們小時候，大家就是打打鬧鬧，現在碰一下、說一下、撞一下，動不動就說是霸凌；動不動就要提告霸凌？這段時間，我孩子也受到很大的傷害，孩子說自己就像犯人，好像做了殺人放火的事一樣。這段時間造成的精神損傷，誰要補償我家小孩，還有我們大人也跟著受苦。」

這位父親的心情與心聲，其實也是許多被提告霸凌、後來經霸凌調查結果不成立的家長的苦楚。

「每個孩子都是父母心中的一塊肉，疑似遭受霸凌的孩子父母心難受，而被懷疑霸凌別人的孩子父母何嘗不難受？」

或許，不讓孩子難過與受到傷害，就是反霸凌的初衷。

但如果一味採取「深怕遺漏任何一點，就被人鑽漏洞」的態度，把各種大大小小常見、不常見的行為都納入霸凌的範疇，再加上「勇敢說出來」的霸凌防治宣導，近幾年校園霸凌的通報數是年年破千，但成案率卻相對低，因為其中有不少通報其實只是孩子之間日常的衝突。

在每一個不成案的背後，所有疑似霸凌者、疑似受凌者，及其家人、班級同學及老師，都歷經一段沉重的日子。班級氛圍變得敏感多疑，同儕幾乎都會遠離疑似受凌者以自保，免得被提告；而面對疑似霸凌者，同學也會保持距離，以免被認為是同一國的人。

無論霸凌調查結果是否成立，可以確信的是，每個人都受到了影響。或許，在一味擴大霸凌範疇時，值得進一步思考：我們想滅絕的是「西瓜般的霸凌大事」，還是「芝麻般的日常小事」？

擴大「霸凌」的範疇？更容易貼上「霸凌」標籤？保護了誰？又傷害了誰？

二、我們真正想保護的是「長期遭受惡意攻擊身心受創的孩子」，還是「同儕日常互動中感受到不舒服的孩子」？

「他說我的畫很醜」，A生哭訴著自己在美術課的畫被B生批評。但實際上，因為打躲避球比較晚進教室的B生，一進教室看到老師手上拿著一張畫作，就邊笑邊走到座位，邊說著「好醜」。B生根本就不知道老師手中拿的畫是誰的，但A生堅持B生是針對他自己，「惡意地批評他、霸凌他」。

這是多年前一個霸凌調查案件的實際案例，而這孩子其實已提告多次同學霸凌。孩子的不舒服是真的，感到難過也是真的；同學都躲著這孩子也是真的，害怕一個不小心就被提告。而孩子的父母也心疼孩子，為何總是遭受這麼多不友善的對待？

這不是唯一的特例，多年來在教育部、學校、新聞媒體、社群等各種「宣揚霸凌的可惡可怕」及「如何小心避免遠離霸凌」的結果，「孩子遭受霸凌」已成為許多父母最擔心孩子校園安全的一環；而「自己是否遭受霸凌」也成為孩子一直注意防範的校園生活守則。

在少子化世代，許多孩子從小被小心翼翼呵護長大，但校園總有大大小小讓人感到不舒服的情境。例如：

A生因為沒有帶立可白，看到B生桌上有，一邊說「東西借我一下」，一邊就拿走立可白了。但其實B生還沒有同意，B生心理因此感到不舒服。

體育課下課後，B生經過一身汗臭的C生，隨口說了句「你身體很臭耶，超噁心」，C生雖然知道自己體味比較重，但也不喜歡B生對他這樣說。

C生看到班上貼出數學成績，對著成績單說「D生才考6分，害全班平均都被拉低了」，而D生就站在後面，聽到C生這樣說，難過地回家向爸爸哭訴，自己被同學嘲笑了。

D生經過A生時，不小心碰到桌子，害A生放在桌上的飲料打翻了，但D生堅持是A生沒有放好才會打翻的，不承認自己有錯。

在這些校園日常中，A、B、C、D裡的每一個人，心裡其實都不舒服，也讓別人難受。這些情景，是校園的日常，即使是與好朋友相處，都可能因為朋友嘴裡冒出一句「你今天這個瀏海很醜，超傷眼的」，而影響一整天的心情。

在網路科技當道的時代，任何知識幾乎都唾手可得，但何以還需要到學校上學？因為學校聚集上百上千位同儕，歷經人際來往「讓彼此難過」的大小事情，是科技無法提供的；這些「難受」，正是一點一滴增加「心理韌性」的機會，不然「無苦無痛無煩無惱」，如何讓孩子學習面對痛苦與難受，並從中獲益與成長？

這並不是看輕霸凌的傷害，而是要明白「人際相處時需尊重彼此的界線」，而非「只要自我感受不舒服，就是遭受霸凌」。

以「星星與黑洞」作為比喻，學校生活的各種活動、各種場合、各樣同學都可能會發生摩擦、爭吵、鬥嘴、爭辯、互罵甚至打架等校園的日常，可將其視為成長的過程，猶如讓人生更加閃亮的星星。

但如果同學的互動方式，是刻意集體以各種形式讓人感到難受，甚至讓人痛苦到像進入黑洞，難以抵抗而深陷其中，勢力不均而難以脫逃，才是真正的霸凌。

「霸凌確實不是玩笑」，但「開開玩笑拉近距離」卻是青少年增進友誼的方式，若一味把這些日常互動與衝突，都當成霸凌般嚴正對待，不僅可能失去校園同齡孩子互動學習與成長的契機，也失去同儕相處的意義；而以「受害者」自居的孩子，生命也很難光彩耀眼。

三、我們是要「保護孩子遠離霸凌者」，還是「教育孩子避免遭受霸凌」？

發生霸凌時，我們都會指責、檢討霸凌者，甚至檢討其家人及學校或是教育體制，唯將「檢討受凌者」視為禁忌，「不能、不行、不准」說到任何受凌者可能需要修正之處；就好像檢討受凌者就像是怪罪受凌者「活該」、「自己不小心」、「沒保護好自己」，並且等同縱容霸凌者、合理化霸凌者的行為一般。

然而，如果將「檢討受害者」視為禁忌，這樣是否反而會錯失重要的教育契機？

檢討並非指責，而是深入理解和學習的過程，畢竟在霸凌事件中，無論是受凌者還是霸凌者，都是「霸凌事件」互動過程的一部分。或許我們可以從五個角度加以思考：

1.心理韌性的角度

討論受凌者的經歷和反應，可以幫助孩子建立因應類似霸凌的策略，透過反思和討論，學會辨識哪些行為可能會無意中加劇衝突，或如何以積極的交流以防止衝突升級。

2.社交技巧的角度

透過檢討霸凌事件的互動，可以學習社交技巧，例如如何有效地表達自己、如何設置健康的界線，以及如何尋求幫助等。這些技能，對成長中的孩子在未來面對多樣化的社會樣貌時至關重要。

3.自我認知的角度

透過檢視整個霸凌過程，幫助孩子提高自我意識，理解自己的情緒和行為的影響，藉此加強管理自己對他人行為的情緒反應，甚至轉化危機的能力。

4.社會正義的角度

透過深入檢視與討論，可以學習到社會公平、正義甚至是如何捍衛自身的人權，讓危機成為孩子成長的祝福。

5.教育的角度

藉由討論、反思過程，讓老師和父母為受凌孩子做全面和多角度的分析，不僅能幫助孩子從霸凌的經歷中恢復，更能獲得降低遭受霸凌並保護自己的寶貴能力。

或許，將檢討受凌者納入霸凌防治的重要一環時，受凌者經歷的霸凌痛點，能轉變為改善自己的起點，增進人際社交的能力，並讓自己內心強大，能更有勇氣表現自己，獲得更多友情，從此不再成為受凌者，真正遠離霸凌。

四、愛的相反是冷漠，霸凌的不斷發生都是旁觀者的冷漠害的？

在霸凌事件中，除了霸凌學生遭受多方的譴責之外，會被責難的就是旁觀學生。或許可以重新思考幾個問題：

1. 怪罪旁觀者知情不報？

受凌者若真的想要告訴別人「我遭受霸凌」，其實很簡單，只要輕輕按出1953幾個號碼，就可直接撥通教育部的反霸凌專線，又或者各縣市教育局乃至學校電子信箱、輔導室等，都設有各種霸凌的檢舉方式，或是告訴導師、學校任何一位老師或自己的父母，都能因此讓霸凌曝光。

試想一下，現實生活中若被極為殘暴兇惡的人綁架，都還會想辦法撥打119求救，而在霸凌事件中，通常受凌者是能自由行動的，能回家接觸到父母，也可以去找老師。因此，把「霸凌的發生怪罪到旁觀者的冷漠不告知」，實是過於簡化「旁觀者為何知情不報」背後的意涵。

更進一步想，受凌者有多害怕告密後被霸凌者報復，旁觀者就有多害怕。一味指責旁觀者「冷漠或沒有同理心」，其實是沒有看見旁觀者也與受凌者一樣害怕。

如果，受凌者身心已經受到傷害，又何必以「指責旁觀者」的方式，擴大傷害？

2.怪罪旁觀者沒有愛心去陪伴受凌者？

在學校裡，常見「一個人小孩」，一個人上學、放學、上廁所或一個人從教室走到操場，而為了打發下課時間，常以「趕功課為理由」，藉著功課填補一個人落單的尷尬，也很常去圖書館看書，因為至少有書相伴，有事可做，至少不用在「別人都有同學聊天」的情形下，自己顯得特別孤單。

「一個人小孩」就像是透明人一般，隱形在班級中。然而「零存在感」其實很空虛，一天在學校動輒八小時甚至九小時，空虛不只是感覺，而是巨大的空洞，孩子會落入到寂寞，甚至「沒有人愛我」、「沒有人在乎我」的負面情緒深淵。

青少年是喜歡成群結隊的年紀，「一個人」也格外容易受到注意。大家都知道「他是一個人」，也可以同理他的孤單。但受凌者想好好過生活，旁觀同學也希望自己有快樂的學校生活，「在短暫的下課時間，我不願意犧牲自己與好朋友相處的機會，去陪那一個人小孩」。

換位思考，處在學生的角度，當有一位同學不受人歡迎，且似乎沒有人要與他做朋友時，此時若與受凌者做朋友，可能得冒著也一起被班上同儕排擠的風險；若再加上受凌者沒有特別吸引人的特質，誰又願意冒著可能也會遭受孤立的風險而與受凌者交朋友？畢竟，大部分的人都一樣，害怕被孤立、害怕沒有朋友。

3.旁觀者也只是個孩子：除了為受凌者著想，也需為旁觀者著想

旁觀者常被視作「缺乏正義感」，甚至是「無情、不具有同情心」的人；

總被期待能像個「蜘蛛人」一樣出面保護受凌者，甚至最好能「義正言辭指責霸凌者的惡行」，才是被嘉許的好行為。當霸凌事件發生，旁觀者沒有這麼做時，常會出現「旁觀者的冷漠也是幫兇」的說法，彷彿只要旁觀者不冷漠、勇於出面阻止霸凌，校園就會太平，霸凌就不會發生。

然而，如此不只無法解決問題，更多時候，只是突顯大人的「不同理」、「沒有設身處地站在旁觀者」的角度去設想。或許，可以思考，如果「自己的孩子是旁觀者」，告訴你班上發生霸凌，身為父母的你，會怎麼做？

你會直白地叫自己的孩子發揮正義感去阻止霸凌？還是會希望孩子以迂迴的方式，不被霸凌者發現，採用更安全、保護自己的方式去幫助受凌者？或者是乾脆叫孩子別多管閒事，顧好自己就好？

旁觀者也是孩子，受凌者害怕告密被報復、擔心處理不好事情會更加嚴重；旁觀者也是如此。一味把霸凌的罪與責，轉嫁到旁觀者身上，對一樣是孩子的旁觀者是不是過於沉重了？

五、霸凌者是教室的魔鬼，讓全班同學害怕，所以大家不敢檢舉？

小漢就是我們班的代言人，班上同學都討厭A生，但只有小漢敢公然踹他的桌子。看到A生的桌子被踢，雖然大家覺得小漢這樣做不太好，但其實大家心裡都覺得很爽，畢竟平時大家忍受A生很久了，所以根本不會有人想去告狀，反而覺得小漢幫大家出了一口氣。

目睹A生桌子被踢歪的同學

因為霸凌者很壞、很兇惡，讓同學很害怕，所以大家只敢躲在旁邊默默看著霸凌者欺負同學，而不敢吭聲——這是許多人以為「旁觀者不敢檢舉霸凌者」的原因。

然而，令人訝異的是，教育現場發現諸多的霸凌者，並沒有因為霸凌惡行而遭受多數同儕的指責，甚至可能還會受到同儕的認同，反而讓霸凌者更受歡迎。霸凌者少有遭受全班排擠孤立的情形，相反地，幾乎都會有其他同儕相挺。這也是為何在霸凌事件中，總會發現霸凌者多是成群結夥，有人踢打受凌學生、有人在旁拍手叫好，甚至還有人負責拍照上傳網路。

M生雖然會嘲笑A生，但M生很幽默，是班上的開心果。

M生雖然會踢A生的椅子，但M生對其他同學很講義氣。

M生雖然會欺負A生，但M生對別的同學不會啊，班上還有很多朋友呢！

接觸多位霸凌者的經驗，發現其實許多霸凌者身上有諸多受人歡迎的特質，如幽默、講義氣、運動好、大方、活潑或成績好等，有些在班上甚至很受歡迎，也因此同儕可能選擇視而不見這些霸凌學生一些「對受凌孩子不友善的行為」。

當然也有一些霸凌者本身在班上人緣也不好，但相對於受凌者，霸凌者仍可能有朋友，不至於完全被孤立。此外，有些人緣差的霸凌者甚至會藉著欺負受凌者，讓自己贏得一些同學的讚同，提高班級地位。

因此，處理霸凌行為，實應將「行為」與「人」分開來看待，即使是霸凌者，也可能有值得讚賞的品格與行為。「霸凌」是一個人所做所為的動詞，而非對人的形容詞。霸凌者是針對某人有霸凌行為，而非表示其「天生」或「本質」是霸凌者。

六、檯面上與檯面下，誰激怒誰？誰霸凌誰？

「霸凌」是檯面上看得見、被關注聚焦的惡行，而「激怒」的行為，則往往不會出現在新聞事件中。激怒行為，很多時候看起來微不足道也可能無意傷害他人，但因為其反覆發生，長期下來很容易引起同學的不滿。例如有些學生可能無意中未經允許頻繁觸碰他人身體或使用別人的物品，這雖然是小事，但對於重視個人空間和物品的同學來說，這種行為難以容忍。又或者有些學生喜歡用身體接觸來表達親近，下課時突然給同學熊抱，但這樣的舉動可能讓同學感到不舒服或被侵犯。

這些行為，通常導師都會知道，也多會提醒學生減少這些不受人歡迎甚至引發同學反感的行為。但是有些性格與習慣根源於家庭教養，往往根深蒂固，僅僅依靠老師的提醒和叮囑，難有立竿見影的效果。

再加上這些激怒行為，大部分是個人特質、講話方式、互動方式等頻繁發生，卻難以懲處與責罰，也難以改變。在班級經營上，老師可能會希望同學盡量容忍，但這就好像俗諺說的「忍字頭上一把刀」，最後在「跟老師講也沒有用」情形下，同學被迫「私下制裁」，進而衍生成霸凌。

學校往往不同於社會，排排坐、一堂課接著一堂課，各種分組合作和競爭的要求，數十個小時、數百個日子，不是靠「包容」、「愛心」和「善良」即能完善解決與應對的。

沒有在校園現場的大人，或許可以試著多靠近孩子的處境一些些，或許在定罪「某個同學可惡可恨，像是打從娘胎就是魔鬼胚子」之前，多一些了解與思考，如果可以和樂融融地當個好同學，誰想要變成壞同學？

又或者，如果可以有好人緣，受人歡迎，可以當個人氣王，誰又會想當個激怒同學、人緣差的人？在校園中，有多少的不能？又有多少的不願？

後記

走出「天使與魔鬼」之外，沒有天生的壞孩子——「永遠不要發生霸凌」是起點，也是終點

沒有完美的父母。

或許，嚴厲的父母，以教導之名，正一步步教出「苛待同學的霸凌者」；或許，善良的父母，以寬容之名，正一步步教出「好欺負的受凌者」。

沒有完美的老師。

或許，活潑的老師，以自由之名，一點點失去「同學之間的界線與尊重」；或許，嚴格的老師，以公平之名，一次次塑造「差勁會拖累全班的同學」。

沒有完美的學生。

或許，正直的孩子，以正義之名，以「刀子口」一句句劃傷另個孩子的心；

或許，創意的孩子，以思考之名，以「高談闊論」一次次干擾全班上課。

霸凌的發生，

單單怪罪「霸凌的孩子」，只會不斷將霸凌者妖魔化；

單單同情「受凌的孩子」，只會不斷讓受凌者更容易受欺凌。

過度簡化霸凌事件，對被標記為霸凌者的孩子顯得過於沉重，對受凌者也毫無助益。

霸凌真相不是當初單純的想像。

「魔鬼」其實不魔鬼；「天使」其實不天使。

不希望，任何一個孩子被視作魔鬼，

這樣孩子真的會「插翅也難飛翔在往後的人生」。
不希望，任何一個孩子被視作弱者，
這樣孩子真的會「軟弱到忘了自己其實是自己的盾牌」。

消滅眼前的霸凌，是重要的，
然而更希望，讓還沒有發生的霸凌，永遠不要發生。

霸凌發生後，受傷的往往不只是受凌者，其父母、目睹的同學、同學的父母甚至老師也都會受到影響，霸凌者也未能好過，很多人身心都會感到難受。

「永遠不要發生霸凌」，始終是本書的起點，也是終點。
謝謝您，願意讀到此，讓我們一起走在「零霸凌」的路上。

插圖圖片來源

作者利用chatgtp 4.0繪製而成

國家圖書館出版品預行編目(CIP)資料

霸凌真相, 可能跟你想的不一樣 : 親師攜手打造「零霸凌校園」實戰手冊, 讓孩子安心上學 / 羅丰苓著 . -- 初版 . -- 臺北市 : 遠流出版事業股份有限公司, 2024.10
面 ; 公分

ISBN 978-626-361-867-1(平裝)

1.CST: 校園霸凌 2.CST: 通俗作品

527.4 113011876

霸凌真相，可能跟你想的不一樣：
親師攜手打造「零霸凌校園」實戰手冊，讓孩子安心上學

作　　者——羅丰苓
主　　編——周明怡
行銷企劃——王芃歡
封面設計——卷里工作室
內頁排版——平衡點設計

發 行 人——王榮文
出版發行——遠流出版事業股份有限公司
104005 台北市中山北路一段 11 號 13 樓
郵政劃撥／ 0189456-1
電話／ 02-2571-0297 · 傳真／ 02-2571-0197
著作權顧問——蕭雄淋律師

2024 年 10 月 1 日　初版一刷
售價新台幣 360 元（缺頁或破損的書，請寄回更換）

遠流博識網　http://www.ylib.com　e-mail:ylib@ylib.com